画说婚姻

周桂英 / 刘佩珍 著

中国出版集团

中译出版社

本书由湘南学院给予科研资助

推荐序

  婚姻家庭咨询是一项极考验人耐心的工作，常常需要婚姻家庭咨询师直面来访者的家长里短，尤其当双方各执一词时，容易陷入左右为难之中，正所谓清官难断家务事。能否成功缓解夫妻双方情绪、帮助他们认识问题、成功调解纠纷，取决于婚姻家庭咨询师是否具备丰富的咨询经验、强大的共情能力、智慧的沟通技巧等。《画说婚姻》作者刘佩珍老师便是一位资深的婚姻家庭咨询师，她将绘画心理技术应用到婚姻家庭咨询中，让人耳目一新，不得不说这是一种颇具创新意义的社会实践。

  作为一名绘画心理学的践行和推广者，我曾多次呼吁，绘画心理学不应只是存在于象牙塔中的学问，它是用来解决问题的，本就应该是一种接地气的贴近大众日常生活的应用技术。佩珍老师《画说婚姻》的出版正是绘画心理学应用性的有力证明，是对绘画心理技术应用领域的开拓，同时也为千头万绪的婚姻家庭咨询工作提供了一种新的思路。

婚姻中的矛盾常因夫妻双方对自己认识不足，情绪大于理智，对问题审视不清而引起。绘画心理学本身的作用之一就是帮助来访者认识自己，反躬自省。佩珍老师通过实践发现，利用绘画心理分析这个工具，能帮助夫妻双方认知自己，对方在个性、婚姻中的表现和不同态度，可以促进夫妻双方重新审视自己，找准婚姻问题产生的症结，为未来婚姻的和谐发展提供导向。这些实践已取得可喜的成绩，她成功帮助了许多对夫妻，让一个个家庭重归和美，证明将绘画心理技术与婚姻家庭咨询相结合是成功的，值得推崇。中国人说，宁拆十座庙，不破一桩婚，从社会价值上来说，这也是功德之举。

《画说婚姻》应成为每一位婚姻家庭咨询师必备的读物。

严　虎

严虎，医学博士、知名心理医生；CCTV－1《挑战不可能》年度挑战王候选人；中国人民解放军天津疗养院特聘教授；中国非公立医疗机构协会精神心理专委会常委兼艺术治疗学组组长；绘画心理分析师和儿童绘画心理指导师培训考试标准制定者及首席专家；原中南大学湘雅二医院心理治疗师及精神科医生。从事精神心理相关工作十余年，尤擅长绘画技术，为国内多家电视台、媒体特邀心理专家和专栏心理作家。目前主持或作为主要研究者获得国家及省部级科研课题近10项，以第一作者在国内外核心期刊发表学术论文40余篇，出版著作30余部，包括《绘画分析与心理治疗手册》《我们在一起：儿童绘画心理指导绘本》《绘画读心术》《中学生绘画心理应用手册》《青少年图画心理分析手册》《大学生心理画》《军人绘画心理分析与治疗手册》《多维添加画》《绘画心理分析词典》《儿童心理画》《我的涂鸦日记》《沉"墨"的源代码：开启绘画心理之门》《妈妈陪孩子画画》《2—6岁儿童绘画与心理发展》《6—9岁儿童绘画与心理发展》《9—12岁儿童绘画与心理发展》《陪孩子成长：绘画让你更了解孩子》《你画我猜》《彩绘曼陀罗》《家长心理学入门》《解析焦虑》《健康睡眠100问》《儿童成长教育家长手册》《精神康复艺术治疗实务》等。

自序一

　　个案社会工作理论是社会工作最早的专业方法理论，形成于1917年，以美国社会工作学者玛丽·里士满的专著《社会诊断》出版为标志。个案社会工作理论在西方已有一百多年的历史，现已成为社会工作专业教育不同学制学历教育的核心课程。根据我国《普通高等学校本科专业类教学质量国家标准》规定，个案工作系社会工作本科专业的必修课。

　　个案社会工作的职业实践历史久远，可追溯到1814年，当时一个叫查默斯的英国牧师在总结救助贫苦民众的工作实践时告诉人们，个案工作是一门专业，个案工作者必须具备一定条件并通过训练方可上岗。19世纪中期，开启了个案工作的职业化时期，出现了专门做个案服务的实务机构和带薪的职业个案工作者，形成了较系统而固定的工作内容，包括收集信息、给予建议、解决困难、行为训练、提供救济、联络协调、直接服务和员工训练等。

　　随着个案社会工作在中国的实践和发展，理论界和实

务界均形成共识，认为社会个案工作的内容是专业社会工作者遵循基本的价值理念，运用科学的专业知识和技巧，以个别化的方式为个人和家庭提供物质和心理方面的支持，以帮助其减轻压力、解决问题、激发潜能，不断提高个人和社会的福利水平。

在运用西方个案工作方法理论的同时，我国社会工作学界提出了本土化的概念。个案工作方法理论本土化是重大的理论研究课题，更是实践实务的过程，理论与实践有机结合，并指导实践。同时，总结实践经验，不断丰富和完善理论，创新理论。就个案社会工作课程教学而言，要求通过该课程的教学，使学生和社会工作者比较系统地掌握个案社会工作基本理论、基本知识和基本方法，并将其运用于个案社会工作实践为服务对象解决困难，对个人或家庭遇到的社会心理和环境适应等问题提供心理调适和环境改善等方面的支持和服务，以实现助人的目的。同时，针对大学生和社会工作者自身成长不断提升其自我认识、增强自我价值感，形成健康人格，达到身心健康。因此，个案社会工作课程教学既要讲怎么做，为什么做，还要让学生和社会工作者边学习、边成长，实现自助、助人。

我在社会工作本科教学和社会工作实务领域耕耘十年有余，坚守助人自助初心，探索适合国情乡情的个案社会工作专业理论和实践。一方面，不断学习社会工作学科理论，内化社会工作价值伦理，并将其运用于社会工作服务项目实践，装满自己的一桶水；另一方面，教授学生掌握更多的社会工作理论、知识和方法，协助学生在专业学习中成长为有价值感的人。在个案社会工作课程教学和个案服务中，我发现绘画疗法十分管用和实用。

接触绘画心理学，得益于刘佩珍老师引荐，有感于她对绘画心理的痴迷、坚持实践和推广。我发现绘画心理学与中国传统文化和中华民族心理相契合，用绘画表达思想情感与中国汉字象形表意思维一致，这是中国的心理学，是适合于中国人心理习惯的治疗方法。我开始不断学习和实践，上绘画疗法培训课程，学习了严虎老师的《绘画曼陀罗》视频课程、《21 天疗愈焦虑》课程，研读《绘画分析与心理治疗手册》、《大学生心理画》（严虎等著）、吉沅洪的《树木－人格投射测试》等绘画心理学专著，对绘画心理学理论有了更深的认识和感悟。开展教学实践，用添加画帮助大学生认识自我，以房树人画引导学生分析心理投射，在个案工作实验课上介绍绘画心理学的基础知识，并进行操作练习，指导学生将绘画用于个案访谈。在个案服务中，用绘画作面谈工具和预估的手段，在青少年个案和留守儿童个案服务中的效果格外好。

2013 年，根据民政部的《民政部关于推动民办社会工作机构发展的通知》（民发〔2009〕145 号）文件规定，鼓励社会工作专业教师依托专业资源创办民办社工机构。在郴州市民政局领导鼓励下，我带领湘南学院社会工作专业的教师发起创办郴州启辰恒福社会工作服务中心，是本地区第一家专业的民办社会工作机构。陆续承接政府购买的

社区矫正服务、农村困境未成年人服务、农村留守儿童服务、社区青少年服务、城市流浪人员服务等十多项服务。同时，我对社会组织孵化项目、湖南省乡镇（街道）社工站项目、农村及少数民族地区的反贫困行动进行督导、指导。在社会工作实务中，我将绘画疗法与社会工作实务的通用过程模式相结合，相得益彰。一是用于接案建立专业关系环节。良好专业关系的开端需要社会工作者了解案主前来求助的心理反应，仅仅靠来访者有限的语言表述尤其是对羞于表达或表达能力有限的儿童和社区矫正对象，很难了解其真实的需求，运用绘画，以画为题解析画或测验，可让沟通更顺畅，沟通内容更聚焦，互动交流效果更好，有利于更全面深入地把握来访者的问题和需求。二是适用于预估阶段。这一阶段的主要任务是确定来访者问题，要求诊断问题的形成、延续的主客观因素，以及与环境的关系，决定适合来访者问题的个别化服务。在预估面谈中，让来访者按要求进行自画像、房树人组合画、添加画等，社会工作者通过绘画解析，评估来访者的认知、情绪、压力、人格和人际关系情况，更准确、更客观地诊断问题的影响因素。三是运用于服务效果的评估。通过社会工作者的服务，来访者的改变和成长会投射于绘画中。效果直观、一目了然，还可利用前后画对比，让来访者心服口服。

　　本书是绘画心理学在婚姻家庭关系领域的运用实践成果，集结了作者的典型咨询个案。根据婚姻类型、爱情价值观和人的气质类型匹配不同绘画种类，以来访者的问题和需求选择不同的绘画主题，这是创造性的咨询工作，也是咨询方法的创新。评估时用画房树人或者自画像；如是情绪、情感和经济纠纷就用完型添加画；对于家庭关系引发的纠纷，就用家庭动态图等等。从绘画投射原理解读爱情、婚姻关系、亲子关系、人际关系密码，理清来访者自我意识和明确的自我需求，指导其自我调适关系障碍。本书的最后部分为绘画读心指导图典，系绘画疗法创始人严虎老师的多年研究成果，感谢严虎老师对本书的支持和关心。

　　本书让读者面对婚姻家庭关系的烦恼，按图索骥，读而解之，思而化之。更希望读者通过与家人的绘画游戏，画画、解析画，建立亲密夫妻关系、亲子关系，形成和谐的家庭关系。同时本书也可作为社会工作专业教师和学生的个案社会工作课程、家庭社会工作课程参考书。通过典型案例分析，帮助师生掌握个案服务的新方法、适合于中国国情的个案工作方法，提高个案教学质量和专业实操能力。

周桂英于王仙岭

自序二

我是一名国家二级心理咨询师、绘画心理治疗导师、社会工作师,从事心理咨询十三年,主持婚姻家庭纠纷调解工作八年,咨询婚姻个案上千小时,有着丰富的实战经历。

2013年有幸接触到绘画心理疗法,它方便、实用、直观,具有疗愈性质的特点,让我非常激动,如获至宝。之后,我便全身心投入绘画心理疗法的学习,并致力于绘画心理疗法的实践和推广。

这些年我一直从事社会服务工作,涉及领域较宽,平日也有较多个案咨询和讲课的机会。绘画心理疗法便成了我手中的"万金油",随着工作的开展,把它运用到了各个领域。在婚姻家庭纠纷调解工作中,绘画疗法的便捷、实用、高效,就起到了尤为重要的作用。绘画作为一种新颖的媒介,不仅可以揭秘婚姻男女言语不能抵达的心理层面,还可以成为调解员与婚姻纠纷当事人之间情感沟通的桥梁。对于不同的纠纷可以运用不同主题的绘画心理治疗技术:

对过分强调个性引起的纠纷，可以让当事人画房树人或者自画像；对于情绪、情感、经济引发的纠纷，就用完型添加画；对于家庭关系引发的纠纷，就用家庭动态图等等。在当事人画完后，我会根据画面投射出来的问题，让案主清楚哪里是需要改进的，哪里是可以发扬的，同时，也让案主明白自己与对方的需求。通过这种可视直观的绘画分析法，分析出各自的不足，让当事人对纠纷的处理进行正确的自我估量。绘画疗法让事实说话的准确性会让当事人心悦诚服，避免过度地翻旧账，同时还能促进夫妻双方的成长，增强沟通的有效性，化解婚姻矛盾、促进婚姻和谐。

　　2016 年 3 月，我将绘画心理技术运用到被家暴的妇女关爱中，成效显著，撰写的《绘画疗法运用于反家暴创新工作案例》获得全国反家暴创新工作案例二等奖；先后参与了严虎博士的《绘画心理手册》全国通用版第二版（上下册）和《绘画分析与心理治疗手册》第三版精装版的编撰工作，并积极将绘画心理疗法用于妇联反家暴危机干预工作中；《绘画疗法用于婚姻家庭纠纷调解》在全国首届婚姻家庭高峰论坛征文中获得二等奖；2019 年 1 月，湖南省巾帼暖人心项目《绘画疗法用于婚姻家庭纠纷调解项目》立项；2019 年 5 月，论文《绘画心理疗法运用于心理危机干预》在全国首届绘画心理实践应用高峰论坛荣获三等奖，我还在论坛做了主题发言；同年 10 月，《绘画心理在低龄孩子危机事件中的运用》在第二届全国绘画心理高峰论坛论文荣获二等奖。

绘画疗法简单易行，既可用于个体，又可用于团辅；既可以作为测量工具，又可以直接用来咨询治疗，它是唯一可以拿到纸面上来沟通的工具。而以言语为媒介的其他疗法，在矫治由不合理认知或信念所引起的心理疾病时有疗效，但在处理儿童个案或表达能力有欠缺，充满防御的来访者时，就稍显无力。绘画作为情感表达的工具，能够反映出人们内在的、潜意识层面的信息（心理意象），将潜意识的内容视觉化。因为人们对绘画的心理防御较低，不知不觉中就会把内心深层次的动机、情绪、焦虑、冲突、价值观和愿望等投射在绘画作品中，有时也可以将早期记忆中被隐藏或被压抑的内容更快地释放出来，并且开始重建过去。在绘画的过程中，个体可以进一步厘清自己的思路，把无形的东西有形化，把抽象的东西具体化为心理意象，这样就为治疗师提供了足够多的真实信息来为患者分析和治疗。有些疗法发现他人心理有问题，常用劝告、疏导的方式，以为改变了他人的观点认识就能解决问题，却因为言语在解决心理问题中存在局限性，而难以使咨询工作有全面的实效性。而绘画和治疗之间的交互作用可以评估治疗过程，澄清人格的内在动力，揭露隐藏的冲突。绘画还可以催化儿童的自发性，并帮助受阻的青少年远离个人发展上的关卡。绘画亦可以帮助成人辨认在其行为中反复发生的主题，并专注在最凸显的问题上。实践表明，绘画是人们最适宜的心灵表达方式。

婚姻是爱的事业，大多数人都认为只要两情相悦，幸

福美满的婚姻就会唾手可得，但真正进入婚姻后才知道相爱容易相处难。婚前很多人对婚姻抱有过高的期望，一旦没有达到预期的状态就会失望，致使很多人认为婚姻是爱情的坟墓。两性关系是人际关系中最亲密的，结婚不是轻而易举的事，婚姻是两个人走出原来的家庭，再组成一个新的家庭。原生家庭的不同，必定会让婚姻中的两个人遇到各种问题，想要拥有健康的婚姻，就需要两个人共同调试和维护，同时，婚前的评估也是非常重要的。我们会通过绘画测试对两情侣的个性、沟通模式、交往现状等方面进行深入细致的了解和评估，鼓励两个人面对真实的自我，完成彼此间在思想、责任分配、性生活、生活作息以及休闲安排等主要方面的调试，从而帮助他们为未来的幸福生活打好基础。

婚前的评估与婚姻中的了解的目的在于：第一是通过婚前评估使即将步入婚姻的男女，明白婚姻的业余目标；第二是使双方进一步彼此了解，了解双方的兴趣爱好，更好地接纳和包容对方，了解婚姻中可能遇到的困难，从而顺利且迅速地适应婚姻关系；第三是使年轻的男女有更多的机会获得比较高的婚姻满足感；第四是使年轻的夫妻有更多的可能成为成功的父母；第五是使男女双方今后在生活中有更多的能量来面对和解。

希望读到本书的读者，在婚姻面临困扰时，能及早找到与自己婚姻相关的问题根源并加以改善，促进婚姻生活健康和谐。

本书分为六个章节，用通俗浅显的语言展示了绘画心理学在婚姻家庭咨询中不同案例的应用。第一章阐述家庭心理咨询的基本理论和主要流派。第二章介绍绘画心理在夫妻关系咨询中的应用。第三章介绍各种不同性格婚姻的价值观。第四章介绍气质类型测试与绘画心理评估。第五章展示常见的婚姻问题以及典型的婚姻案例，主要讲述绘画心理学在婚姻家庭咨询中的实际应用，以便让读者们知晓，如何将绘画心理学与自身的家庭及工作有机结合。第六章着重介绍了如何进行绘画分析。该书为国内关于婚姻家庭绘画心理学内容最为翔实的一本书，我们希望通过本书让读者们能够更好地把握婚姻家庭的心理特征，并勇于实践，将绘画心理治疗广泛应用到婚姻家庭生活中，发现和解决婚姻家庭中的问题，成就幸福美满的人生。

周桂英　刘佩珍

目　　录

第一章 绘画分析与心理治疗在家庭咨询中的应用

第一节 家庭心理咨询理论概述

一、家庭心理咨询

家庭心理咨询也称婚姻家庭心理咨询，是指在一定的社会文化背景下，对家庭进行的心理、教育、社会等方面的整体咨询辅导。家庭心理咨询的理论基础是系统论和控制论，方法是在家庭心理咨询技术的指导下，协助家庭解决各种心理困扰，调整家庭关系，促使家庭功能正常积极地发挥，实现家庭的和谐，以及家庭成员的健康发展。

家庭心理咨询面对的主要问题包括：婚姻关系问题，代际关系问题，家庭教育问题，心理障碍问题，家庭不同发展阶段的特殊心理问题，家庭遭遇突发事件或遇到重大挫折造成的心理问题等。

二、家庭心理咨询的基本理论和主要流派

(一)系统式家庭治疗

代表人物鲍文(Bowen)。鲍文认为家庭成员情感困扰的产生与维系源于家庭成员与他人的关系,连接家庭的主要问题是情感融合(家庭成员之间的情感过度联系或依赖),主要任务是自我分化(家庭成员的心理成长及人际成熟),家庭系统中上一代没有解决的问题会传给下一代。

(二)结构式家庭治疗

代表人物米纽秦(Minuchin)。结构式家庭治疗理论建立在系统理论的基础上,它非常关注家庭的结构、组织角色与关系,治疗的重点是矫正家庭结构上存在的问题,聚焦家庭成员与家庭环境的相互作用和相互影响,重新构建家庭的结构和规则。

(三)沟通式家庭治疗(人本主义取向家庭治疗)

代表人物维吉尼亚·萨提亚(Satir)。沟通障碍是家庭困扰的来源,萨提亚模式的家庭治疗兼沟通理论和人本主义相结合,以人类成长的方式来看待问题;兼具治疗性与成长性,治疗的重点在于提高个人的自我价值感,以积极的取向聚焦于改变,达到一致的表达和表里一致的沟通。

（四）策略派家庭治疗（strategic family therapy）

策略派家庭治疗师认为，问题本身是真实存在的，必须由治疗师提出一套策略来加以解决。治疗师用指导者和权威的姿态，下达指令，要求家庭执行新的互动关系，问题就会改变。显然，治疗师针对沟通模式以及引导呈现问题的相互顺序是掌控全局的，并对家庭的改变负有关健的责任。

（五）心理动力学家庭治疗

代表人物詹姆斯·弗拉姆（James Framo）、大卫·萨夫（David Scharff）。原生家庭未解决的内在冲突会投射到现在的亲密关系中，关注潜意识，运用移情与反移情，帮助家庭成员理解过去内化的客体对他们目前家庭关系的影响，促进个人成长，改善家庭关系。

（六）认知行为家庭治疗

家庭成员解决冲突与关系紧张的能力，不但依赖于他们的沟通技能，也依赖于他们的图式、图式连同情感和行为都是构成家庭功能的重要组成部分。认知行为家庭治疗，通过改变和重建家庭图式、个人图式、扮演新行为来促进家庭成员认知和行为的改变，从而改善家庭关系。

（七）建构主义家庭治疗

家庭咨询与治疗发展到 20 世纪 90 年代开始出现整合趋

势，家庭治疗的各流派之间不再互相排斥，经过整合出现了新的家庭治疗模式，即建构主义家庭治疗，包括短期焦点治疗、索解治疗、合作治疗。

（八）叙事家庭治疗

代表人物为澳大利亚临床心理学家麦克·怀特及新西兰的大卫·爱普斯顿。家庭叙事疗法是指咨询者通过他人的故事，运用适当的问话技巧，帮助当事人找出叙事过程中未曾注意到而被遗漏的片段，并使问题外化，从而引导来访者重构积极故事，以唤起当事人发生改变的内在力量的过程。叙事治疗的两个基本的隐喻包括：个人叙事和社会建构。叙事治疗的策略分为三个阶段：叙事阶段，问题外化；寻找例外；寻求支持共建替代性故事。

三、家庭心理咨询与绘画心理技术

绘画心理技术由于简单易行，便捷高效，可以投射出意识觉察不到的潜意识内容，在家庭心理咨询中可以发挥非常重要的作用。绘画心理技术能促进家庭成员对咨询活动的积极参与，让家庭成员借助比较安全的方式来表达情绪情感，增进家庭成员之间的了解、沟通与交流。同时，绘画心理技术还可以帮助咨询者在短时间内得到咨询家庭的更多信息，促进家庭心理咨询的顺利进行。婚姻是情感与物质的综合体，是精神与物质的承载体，在我们的社会中，婚姻把两个人组合在一起，就是要集中体现婚姻的价值，让我们的感情找到归宿。在婚姻中，如何与婚姻男女就情绪情感进行充分而有效地沟通，探寻隐藏于其内心深处的情感表达，促进婚姻幸福，绘画心理学都是绝好的媒介。

第二节　绘画疗法的概述

一、绘画心理理论基础

（一）投射理论

绘画疗法主要是以分析心理学中的心理投射理论为基础。投射被认为是无意识主动表现自身的活动，是一种类似自由意志物在意识中的反映。投射的产物不仅以艺术的形式存在，梦境、幻觉、妄想等也都可以理解为心理投射。艺术心理学认为绘画天然就是表达自我的工具，是用非语言的象征性工具表达自我潜意识的内容。绘画可以作为心理投射的一种技术。而同样属于心理投射技术的罗夏墨迹测试、主题统觉测试已经被证明是有效、科学的心理测验，成为心理咨询和治疗的工具，因此，绘画也应该具有此功能。

大脑偏侧化理论。大脑左右两半球存在优势分工。左半球同抽象思维、象征性关系以及对细节的逻辑分析有关；右半球则是图像性的，与知觉和空间定位有关，具有音乐的、绘画的、综合的集合、空间鉴别能力，表明音乐、绘画、情绪等心

理机能同属右半球掌控。绘画疗法认为以言语为中介的疗法，在矫治由不合理认知或信念所引起的心理疾病时有疗效，但在处理以情绪困扰为主要症状的心理问题时就显得无能为力了。而同属右半球控制的绘画艺术活动可以影响和治疗患者的情绪机能障碍。

（二）作用机制

绘画作为情感表达的工具，能够反映出人们内在的、潜意识层面的信息（心理意象），将潜意识的内容视觉化。人们对绘画的防御心理较低，不知不觉中就会把内心深层次的动机、情绪、焦虑、冲突、价值观和愿望等投射在绘画作品中，有时也可以将早期记忆中被隐藏或被压抑的内容更快地释放出来，并且开始重建过去。在绘画的过程中，个体可以进一步厘清自己的思路，把无形的东西有形化，把抽象的东西具体化为心理意象，这样就为治疗师提供足够多的真实信息来为患者分析和治疗。所以，用绘画表达象征性意象的理解和诠释是人类了解心灵以及进行心灵交流的必要途径和形式。

绘画和治疗之间的交互作用可以评估治疗过程，并澄清人格的内在动力，以及揭露隐藏的冲突。绘画催化儿童的自发性，并帮助受阻的青少年远离个人发展上的关卡。绘画亦可以帮助成人辨认在其行为当中反复发生的主题，并专注在最凸显的问题上。实践表明，绘画是人们最适宜的心灵表达方式。

二、绘画疗法的实际操作

绘画疗法的操作灵活，主要是治疗师以画者创作的绘画为中介，对画者进行分析和治疗。它的实施过程体现了精神分析治疗、结构化治疗、人本主义治疗等的思想。罗杰斯认为，只有让个体在一个无条件的正向尊重的环境中，他们才能真正地表达自己。在绘画治疗的过程中，治疗师会给患者提供尊重和积极关注的创作环境。可以根据实际情况，像精神分析治疗那样，将创作的成果作为心理分析的依据和工具；也可以根据结构化治疗，使患者通过绘画发泄能量、降低驱力，从而摆脱心理困扰。

（一）绘画形式

随着绘画治疗的发展，在实际治疗中，投射潜意识的绘画形式主要有3类：第1类是自由绘画。第2类是规定了内容的绘画，Buanc 的动态家族画可以反映家族成员的构成、关系及相互行为。第3类介于二者之间，给出一定的刺激，但并不规定以什么内容作画，主要是对未完成的绘画进行填补，治疗师最终的分析也不是根据患者的绘画内容，而是根据患者在给定的图画上做了什么性质的改动。

绘画投射出的信息是丰富的、开放的，这是其他治疗技术望尘莫及的地方，但它对评估者要求较高。评估者对画者的熟悉、双方信任关系的建立，对理解绘画作品，充分利用其信息有重要作用。此外，对绘画作品的解读要谨慎：一是由专业人员来解读；二是画者本人的解读。由于作画带有一定的随意性，只凭书本上的标准解释是一种不专业、不严谨的做法，对画者的帮助是有限的，有时甚至是无益的。

（二）治疗形式

绘画疗法的优势除了展示信息的丰富性之外，它还不受画者年龄、绘画水平的限制，根据实际情况，可以进行个体治疗，也可以进行集体治疗。在集体绘画治疗研究中发现，成员在展示和解释画的同时，也在表达自己的心理状况，当其他成员提出对自己画的印象时，多会虚心接受和反思自己，有的甚至会反思自己的性格特点和不足。集体绘画治疗的言谈中心是以画为线索展开的，成员一般不会认为话题是针对自己的，会使集体的交流变得流畅。集体绘画治疗也给画者一个接触他人的机会，在观察他人的画时会发现有自己没有想到的，有利于把自我关注拉向外界。绘画治疗的实施过程实际是患者在治疗师的引导下进行思考、创作、回顾、比较、反思的过程，有助于画者发现和解决自己的问题，真正做到"助人自助"。

三、绘画治疗的优势

第一，艺术是一个要求全身心卷入的过程，要验证这一点，可以追溯到古老的希腊文明，柏拉图和亚里士多德等思想的巨匠都有过相关的论述。

第二，我们的思维绝大多数是视觉性的，但要将这种视知觉信息用语言转述出来，或用理性将感性信息表达出来就要困难得多。

第三，我们的记忆可能是前语言（Pre-linguistic）的，或者是受到禁锢的。我们的创伤经验在心理防御机制的作用下很可能被压抑，无法透过语言来提取相关信息，从而难于治愈。

第四，被训练过的道德准则不允许我们将心理的阴暗面暴露给别人，但通过艺术方式就会相对容易表达出来。

第五，艺术作品提供一个多元的空间。其中包括艺术品中的空间、艺术创作的物理空间和治疗关系的空间。

第六，艺术史的传统心理咨询和治疗显得更加正常化和通俗化。

第二章　绘画分析与应用

第一节　如何进行绘画心理分析

　　欣赏一幅绘画作品需要遵循三个步骤：第一步是艺术家最初的印象，就好像原始人似的初步感受知觉事物；第二步是把事物分解成几个构成部分，然后像科学家似的进行认真分析；第三步是艺术家把自己的见解进行超越分析，达到明快的统合整体。绘画心理分析同样遵循了以上三个步骤。

　　第一步，整体观察。当我们把绘画作品拿在手上时，要从整体来观察，在这个阶段我们不能马上进入"领域"分析，也不能一头栽入"绘画特殊记号"里，我们首先要把握画的基调，并试着脱离自我的框架进入画者的精神状态，并让自己沉浸其中，体会画者的感觉，以及画者在一笔一画中想要表达的内容。我们把这个最初的阶段命名为"直观凝视阶段"。而如何把握绘画所表达的基调和整体性，仅通过分析或是学习相关教科书是不够的，它取决于你能否静下心来与画者的潜意识进行

链接，这些能力需要借助经验，需要多看画，慢慢积累。在这个最初阶段中，我们要把握绘画作品的整体，强调不被知识所左右的第一印象，形成关于绘画作品中房子、树、人的画面大小，画面位置，用笔力度，画面颜色，画者的感情，对别人的态度，对周围影响的感受性等印象，并推测画者的情绪状态与成熟程度以及内心是否平衡。

第二步，对特殊要素进行细致分析。在完成了对画面的整体观察之后，要对绘画作品中的特殊要素进行细致分析。这里有两种方式：一是遵循画面结构，按照从左到右或从上到下的顺序，对绘画中每一个特征都加以系统的分析。二是问题导向分析法。根据画者提出的问题，有侧重地针对绘画作品中不太寻常、极具特征的部分与画者所关注的问题及相互关联的部分进行分析。在这里建议初学者采用第一种方式，在绘画分析水平达到一定的标准之后，再采取第二种方式。当然每个绘画分析者都有自己的习惯，但一定要记住，我们需要根据咨询目标，决定绘画分析着重于哪些资料，什么才是最大和最终的目的。还需要特别说明的一点是，在绘画作品中出现的任何一个符号信息，其具有的意义都不是绝对和单一的，即使对于同一特征，我们也常有必要依照其与整体的关系予以不同的解释，绘画作品中所有的特征分析都只是作为一个参考，分析师需要寻找相互验证的共同点、经验感知及整体综合判断。

第三步，就是把整体观察和详细观察综合起来。综合不是把各个部分结果进行简单的统合，而是把绘画作品局部进行一体化，整体化，是将绘画作品当作一个有鲜活生命的整体来看待。

让我们把以上这些步骤放在心里，通过对模糊的"成分"

和详细的"成分"进行分析，通过解析综合感知这些成分，来洞察画者真实的内心世界。

为了便于大家了解和掌握这门技术，本书第六章从人物画、树木画、房屋画及附属物的投射进行了普遍性释义的解读，让大家学会分析解读一幅画，看见其中无声的语言，破译画者心中隐藏的密码。

第二节　房树人绘画解读个性特征

案例一：爱撒谎的新婚妻子

1. **画者信息：** 女，25 岁，已婚，大专学历。经人介绍对象相识后结婚。婚后，老公觉得她讲话不诚实，琢磨不透，要求画者前来咨询。

见图画 2-1

图画 2-1

2. 画面的主要特征及释义

(1)画面整体居中，所有的元素都在同一直线上，表示画者的行为有时显得比较刻板，人际交往比较封闭，不够灵活。

(2)整个画面都是重复线条，体现画者的自信心不足，内心有焦虑不安的情绪。

(3)左边是一棵果树，体现画者曾经有追逐的目标；树冠下垂表示意志薄弱，缺乏决断力；单线条的树干和树枝表示画者的情绪低落，能量低，内心软弱无力，并且缺乏自信。垂挂在树枝上的果实，表示着画者期待快乐。右边是一棵柳树，柳树代表着能量的流失，情绪低落压抑，抑郁不快乐，不安全感明显，这里体现出画者此时对未来的迷茫。

(4)两棵不一样的树表示个性的两面性，个人善于掩藏自我。包括添加的小草，体现出画者没有安全感，渴望一种情感的寄托。

(5)画中的单层房子表示画者还是具有基本的人际交往能力。格子状的屋顶体现其内心有激烈的矛盾冲突，有来自家庭的束缚。

3. 画面评估与咨询建议

人格特征：缺乏安全感和自信心，行为有时显得比较刻板，人际交往比较封闭，不够灵活，防御心较强。

心理状态：内心焦虑不安，失落沮丧。

咨询建议：夫妻之间要真诚，防御过度会让另一半不知道如何相处，反而会更加焦虑。拥有独立的人格才能让自己变得自信和拥有安全感。夫妻双方要让自己静下心来，学着真实地

—— 14 ——

表达自己，提高解决问题的能力，让自己的内心变得强大，才能更好地面对和解决婚姻中的问题。画者当下在与另一半相处时，内心的敏感使她的行为有时会显得比较刻板，人际交往比较封闭，不够灵活，也希望对方可以猜出自己的想法。老公要了解妻子当前的状态，多给予妻子一些支持和鼓励，这样才能促进夫妻之间的沟通交流。几乎每段婚姻都会遇到问题，如果在关系磨合早期能及时找出问题所在，并努力去改善，关系就会越来越融洽。

案例二：妈宝男孩何时能独立

1. **画者信息：** 男，25 岁，私企员工，家中唯一男孩，从小在父母与两个姐姐的呵护中成长。每天除了上班就是玩游戏、赌博，负债累累，家人劝阻无果，希望通过咨询促进个人成长。

见图画 2 - 2

图画 2 - 2

2. 画面的主要特征及释义

(1)整个画面分散在左右两边，显示画者对自己的行动感到不安，缺乏独立性，喜欢依赖支持自己的人。

(2)画面有很多不连续线条——表示内心不安定，焦虑，没有信心。

(3)被画纸左边切断的悬崖——对未来充满恐惧。

(4)悬崖上的板子——想借助某种力量和支持，实现自己的想法。

(5)牵着伴侣的那只手有涂抹——在考虑和担心是否要拉着对方一起。

(6)火柴人的腿部都有涂黑——表示在行动力上有所阻碍。

(7)画在右边的太阳——渴望未来得到力量和温暖。

(8)云朵——代表着压力，也代表期望。

3. 画面评估与咨询建议

画者是一个具有依赖性且缺乏安全感的人。虽说对未来充满期待，对美好生活有向往，但目前信心不足，内心不安，缺乏相对行动力，对今后的生活感到迷茫。太多的担忧和依赖，只会让画者对未来越来越恐惧，面对前方感觉无路可行而焦虑无助。建议来画者退一步海阔天空，勇于承担自己之前错误的责任，直面问题，抗住生活的压力，努力提高个人能力，以退为进，改善当下依赖他人的状态，做事情多考虑他人的感受，向着自己理想的生活前进。

案例三：让另一半无法承受的爱

1. **画者信息**：画者，男，33 岁，小学文化，跟妻子共同创业，从一穷二白到中产阶级，经历了很多艰辛和困苦。最近画者与一女同事相处时间较长，被妻子误会，解释过很多次无果，为此，每天都在争执吵闹，这让画者感到非常苦恼。

见图画 2 - 3

图画 2 - 3

2. **画面的主要特征及释义**

(1)整体画面篇幅适中，线条流畅，思路比较清晰。

(2)房子的两面墙在同一水平线——考虑其家庭关系不好。

(3)房子有门但是门前没有画出路——渴望与外界接触，渴望得到理解，但是别人很难走进其内心。

(4)周围画了许多小草小花——希望得到陪伴。

(5)人物占比大——对自己过分自信，对外界感知无力，

略躁动不安。

(6)头部略大——自我评价高，易沉溺于幻想。

(7)没画鼻子，耳朵又小——很少倾听别人的意见，还没主见。

(8)眼睛没有画眼珠——只关注自我，对外界的事物不屑一顾。

(9)手部没有画出手掌，尖尖的手指并涂黑——对事物的掌控力不够且有攻击性。

(10)纽扣居中——自我为中心倾向。

(11)树略微向右倾斜——具有批判精神，同时表现出对未来的渴望。

3. 画面评估与咨询建议

画者个性比较自我，自我评价高，易沉溺于幻想，不擅于倾听，对于未来有一定的想法，但是能力不足，对事物掌控力不够。家庭中存在一些矛盾，对家庭的感受不好，在与家人沟通方面会用攻击指责对方的模式，没有考虑对方的感受，用对方也能接受的合理方式表达出自己的想法，因此引发多次争执，情绪没有得到释放，表现得比较焦躁，希望得到理解、接纳和陪伴。

给画者的建议是，打开压抑和回避的思想枷锁，直面问题，真诚地与妻子沟通，用行动消除妻子的疑虑，送上自己的温暖和关爱。夫妻关系圆融，家庭才能回归和谐美满。

以上案例让我们不得不思考，爱情不是静止不动的，它是动态流动的。从一见钟情到长相厮守是一场马拉松，它必须经过漫长的旅程，两颗心才能合二为一。对一个人一见钟情也许只需要 1 秒钟，但要学会爱一个人却需要一辈子。因此，当我们在思考能被什么样的人爱上之前，不如先思考自己是否拥有"爱"和"被爱"的能力。一个人，如果在生命之初没有跟父母建立安全的依恋关系，那么在日后的亲密关系中，也必然会感到不安全；一个人，如果觉得自己没有没有能力维持好一段亲密关系，便会拒绝或者逃避，来避免自己受伤。总之，一个不爱自己的人，就没有能力去爱任何人。婚恋中的很多问题并不在于不被爱，而是不会爱，不具备爱人的能力。

第三章　不同性格在婚姻中的表现

第一节　不同性格的婚姻价值观

虽然说结婚的双方三观一致会成就美好的婚姻，但最关键的还需要爱和包容，因为每个人的性格是不同的。遇上性格有差异、价值观不同的夫妻，如果双方能彼此相爱，互相包容和理解，常常沟通，也同样能获得幸福美满的婚姻。婚姻是一个极其慎重的课题，大多数人会选择与自己性格合得来的人，但也有些人会选择跟自己的世界观、价值观完全不同的人，那么这样的婚姻该如何处理呢？我们先来了解一下不同性格的婚姻观。

一、红色性格

红色性格的优势：积极乐观、真诚主动、富有感染力。红色性格的人会特别保护伴侣，忠心不渝，负责任，有担当，可

靠可托付，在互动和活动中积极主动，善于平添有趣的经验。

红色性格的劣势：有时情绪大起大落，疏于兑现承诺，这山望着那山高；常常会优先关心自己需求的满足，工作优于亲密情谊，对人苛求而盛气凌人，常会数落伴侣的不完美，缺乏敏锐的感性，时常对亲密无知觉，并且把它放在一边。

红色性格的人喜欢热闹，人多的场合，人来疯，喜欢体验不同的生活，买东西讲究外观是否时尚漂亮，个性比较随性，喜欢变化，讨厌规则的束缚，喜欢引人注目。口头禅："我早就说过……"常把喜怒哀乐写在脸上，大部分红色性格的人会经常变换 QQ 或微信心情（因为他们希望引起别人的关注）。

适合的职业：演艺明星、销售员多见红色性格。

二、蓝色性格

蓝色性格的优势：思想深邃，默默关怀他人，敏感而细腻，计划性强。蓝色性格作为伴侣强调关系第一，其他活动第二；珍视亲密感，并使伴侣在任何情况都拥有优先权，肯负责地为情意持续加火，乐于分享亲密的感觉；做决定时，会优先考虑配偶，并把它当作优先价值。

蓝色性格的劣势：有时情感脆弱，喜好批判，不主动与人沟通，患得患失；原则性过强，不愿意妥协，会对伴侣不停地说教并扯远话题，认为伴侣能读透他的心思和感觉。在爱情里总是绑了一条想要控制的线，觉得应该先整理出一个整齐干净的家。

蓝色性格的人在生活中追求完美（比如反复修改 WORD 文档格式），做事严谨，认真负责，重视规则，传统保守，喜欢计划，讨厌变化，固执倔强，不懂变通，多愁善感（如林黛玉），思前想后，挑剔，不敢挑战权威，喜欢以暗示的方式让对方了解自己的所思所想，很难走出失恋的阴影，对情感方面的关怀要求很高，买东西讲究性价比。口头禅："你不是说过……"经常变换 QQ 或微信的心情（希望引起别人的关心）。

适合的职业：思想家、哲学家、工程师、医生、编辑多见蓝色性格。

三、黄色性格

黄色性格的优势：行动迅速，目标导向，不感情用事，坚持不懈。常给配偶带来惊喜和刺激，非常浪漫，富有创意，并且精于此道。喜欢不寻常的经验，不会以感情的约束来接纳伴侣的建议。

黄色性格的劣势：死不认错，控制欲强，咄咄逼人，容易发怒；对于长期关系不愿承诺，犹豫不定，对于他人的需要不够体贴，不太愉快的场合，会表现出心浮气躁，藐视别人的感觉，而且会把焦点集中在自己身上，大部分时间在唠叨自己的生活。

黄色性格的人很强势，经常直话直说，喜欢挑战权威，以结果论英雄，为了达到目的能屈能伸，干脆利落，雷厉风行。谈恋爱开门见山，直奔主题，缺少情感关怀，总以强者自居，很少变换 QQ 或微信的心情（他们害怕表露出自己的内心情感而被人认为是弱者）。

适合的职业：企业家、政治家多见黄色性格。

四、绿色性格

绿色性格的优势：中庸之道，稳定低调，乐天知命，与世无争，总能平和地接受伴侣的决定，显示和谐一致，对情感关系忠贞不渝，支持而体贴伴侣，对于出轨和不合时宜的行为有包容心。愿意接受伴侣的信仰和价值观，十分随和。

绿色性格的劣势：懦弱无刚，胆小怕事，纵容放任，姑息养奸，不思进取，拒绝改变，自信匮乏，没有主见，不够浪漫，常常由伴侣来主导生活，对亲密的情缘不能投注感情，会有眼睁睁地看着人生和爱情擦肩而过的情况，谈恋爱时可能会吃很多苦头。

绿色性格的人和谐宽容，是和平的使者。他们的核心本质是对和谐与稳定的追求，缺乏锋芒与棱角。他们宽容透明，非常友善，适应性强，是很好的倾听者（内向的倾听者）。

茫茫人海，繁华世事，人生观与价值观都不同的两个人，从不同的方向慢慢走向彼此，最终靠近，走向婚姻的神圣殿堂。除却那些"将就"过日子的人，夫妻之间必定有相互吸引的地方。因了这些吸引，才成就了神奇的婚姻。所以，夫妻之间不必纠结于人生观与价值观的不同。任何人都无权改变别人的人生观、价值观，我们能做的就是在坚持自己价值取向的同时，也接纳对方的价值取向，彼此包容，相互敬爱。既然当初结婚的缘由不是相同的价值观，那维系婚姻的纽带也就不能是价值取向。多看看对方的优点，多回想他（她）当初吸引你、让你毅然决然地与他（她）结合的地方。婚姻的基础是爱与包容，而不应该是价值取向。既然走到了一起，说明对方的价值取向是你能够接受的，好好相爱，风雨同舟，才应该是进入婚姻中的你应该考虑的事情。

　　如果是正确的价值观和人生观，那就无须刻意改变，但婚姻是需要维系的，有时也需要一些包容和妥协。如果因为价值取向不同而使婚姻走到尽头，未免有些得不偿失。婚姻是需要彼此妥协，向着双方都能接受的方向发展的，在接纳彼此价值观与人生观的情况下，夫妻双方都应做出一些让步，尽量朝着彼此想要的生活方式聚拢，在妥协的同时也要尽量互相理解，不要强迫对方做出改变。达到统一的婚姻并非理想的婚姻，达到相互理解的婚姻才是理想的婚姻。

第二节　七大婚姻类型在绘画中的表现

一、爱情型

　　美貌与性吸引为基础的结合。这种婚姻潜在的风险是随着美貌与性魅力减退，婚姻没有了其他的基础，就会出现危机。如果能够过渡到以双方人格相似性为基石就会相对稳定些。

　　见图画 3 - 1

图画 3 – 1

爱情型婚姻画面特点：画风感性，幼稚，随意，色彩丰富，线条杂乱，内容常见鲜花、蝴蝶和秋千。

二、功利型

以出身、学历、财产、社会关系等条件为基础的结合，如果双方收益与成本平衡，婚姻就能持续；如果不平衡就会出现危机。此类型夫妻往往理性色彩浓厚，难以获得爱情享受，很容易因为缺少激情而产生婚外恋。

见图画 3 – 2

图画 3 － 2

　　功利型婚姻的画面特点：画面较大，内容丰富，画面追求完美，画面内容常见：汽车、别墅、城堡、装饰品等，较为突显物质。

三、平等合作与分工型

　　夫妻双方注重彼此的平等关系，做事情会分工合作，而且双方都能进入自己的角色，有相应的期待，有责任感，所以家庭生活较为和谐、稳定。

　　见图画 3 － 3

图画 3 - 3

 平等合作与分工型婚姻的画面特点：画面大小适中，位置布局距离合理，线条柔和，画风简洁生动，内容人物开放包容，物品成双成对较多。

四、建设型

 夫妻二人会在共同的目标下勤勤恳恳地生活和工作。他们在创业与教育子女方面都有共同的目标，不足之处在于精神生活方面可能不够丰富，当达到一定目标后，一方可能会止步于前，不思进取，变得懒散，进而导致婚姻危机。

 见图画 3 - 4

图画 3 - 4

建设型婚姻的画面特点：画面较大，内容偏满，直线条多，作画速度快，画面内容矩形物品较多，显示人物刻板，喜欢画松树、果树和远山。

五、惰性型

在激情过后，这类夫妻会迅速失去对婚姻的热情，他们无法发现问题，也不愿进行新的尝试，只愿按部就班地生活。生活单调，乐趣减少，也会出现危机。

见图画 3 - 5

人活这连为了什么！

图画3-5

惰性型婚姻的画面特点：画面偏小，位置靠左，单线条居多，线条柔和，内容简单，矩形物品较多。

六、失望型

新婚时百倍努力，力求建立幸福美满的婚姻生活，对婚姻期望值过高。一旦婚姻进入平淡期，就觉得与当初的想象相距甚远，因而感到失望。

见图画3-6

图画 3 - 6

失望型婚姻的画面特点：画面整体中房屋较小，树木、人物较大，线条不连贯，笔触轻，花草、云朵等尖尖的东西较多。

七、一体型

夫妻二人在较长的共同生活中，相互体贴、合作，在性格、爱好和习惯上彼此适应，融为一体，会把对方看成是自己的一部分，相敬如宾，关系相对稳定。不足之处就是较为封闭，一旦一方离开，另一方就会寂寞难耐。

见图画 3 - 7

图画 3 - 7

一体型婚姻的画面特点：位置居中，线条柔和，画面间距合理，房屋、人物描绘仔细，成双成对的物品较多，鹅卵石的路，房屋前后有栅栏。

第三节　不同气质类型在绘画中的特点

一、气质类型概述

（一）气质定义

气质是心理活动表现在强度、速度、稳定性和灵活性等方面动力性质的心理特征。气质相当于日常生活中所说的脾气秉性和性情。

心理活动的动力特征既表现在人的感知、记忆、思维等认识活动中，也表现在人的情绪和意志活动中，特别是在情绪活动中表现得更为明显，例如一个人言谈举止的敏捷性、注意力集中的程度、思维的灵活性、情绪产生的快慢强弱、情绪的稳定性和变化的速度、意志努力的强度等都是他的心理活动的动力特征的表现。

(二)气质概念的提出和对气质类型的划分

气质有很多特征，按照这些特征的不同组合，可以把人的气质分为若干不同的类型。2500多年以前，古希腊医生哲学家希波克拉底(Hippocrates)就观察到了人不同的心理活动，并将其划分为胆汁质、多血质、黏液质和抑郁质四种类型。500年后，罗马医生盖伦在希波克拉底类型划分的基础上，提出了气质这一概念，所以希波克拉底是最早划分气质类型并提出气质类型学说的人。

二、气质类型学说

在希波克拉底之后，出现过许多气质类型的学说，比较有影响的是包括希波克拉底的学生在内的四种划分说法：

(一)体液说

希波克拉底提出人体内有四种液体，即黄胆汁、血液、黏液和黑胆汁，每一种液体都和一种体质类型相对应，黄胆汁对

应于胆汁质，血液对应于多血质，黏液对应于黏液质，黑胆汁对应于抑郁质，一个人身上哪种液体占的比例较大，它就具有和该液体相对应的体质类型。希波克拉底所划分的四种体质类型比较切合实际，至今对气质的分类仍沿用他提出来的名称。体液说是一种朴素的唯物主义学说，在科学知识贫乏的古代，希波克拉底的贡献实属难能可贵。

（二）体型说

20 世纪 20 年代，德国的精神医生克雷奇米尔（Kretschmer，E.）根据自己的临床观察发现，病人所患精神病的种类和它的体型有关，如躁狂抑郁症的患者多是矮胖型的，精神分裂症的患者多是瘦弱型、强壮型和发育异常型的。据此，他认为正常人和精神病人之间只有量的区别，没有质的区别，所以，可以根据一个人的体型特征来预见他的气质特点。美国医生谢尔顿和心理学家斯蒂文斯，在 20 世纪 40 年代提出人的体型是由胚叶决定的，因此胎儿的胚叶发育会决定他的气质类型。体型说或胚叶说想从生理因素来说明气质的根源，但是这两种学说都没有提出生理因素和气质类型之间的因果联系的根据。

（三）血型说

血型说是古川竹二提出来的，在日本比较有影响力。古川竹二认为 A 型血的人温和老实，消极保守，焦虑多疑，遇事冷静，但缺乏果断，富于情感；B 型血的人积极进取，灵活好动，善于交际，爱说寡信，多管闲事；O 型血的人胆大好胜，自信，意志坚强，爱支配人；AB型血的人外表像B，内在却像A。在实际生活中血型相同而气质类型不同，或者气质类型相同而血型不同的表现并不少见，所以血型说尚缺乏足够的科学根据。

（四）激素说

美国心理学家伯曼（Banerm，L）将人分成四种内分泌腺的类型，即甲状腺型、垂体腺型、肾上腺型和性腺型。内分泌腺类型不同，人的气质也不相同，例如甲状腺型的人，甲状腺分泌过多者精神饱满，意志坚强，感知灵敏；甲状腺分泌不足者迟缓、冷淡、痴呆、被动；垂体腺型的人智慧、聪颖；肾上腺型的人情绪容易激动；性腺型的人性别角色突出。虽然内分泌腺活动影响了人的行为和心理，但是内分泌腺的活动也受神经系统的支配，影响气质类型形成的因素很多，因此不能把气质只看作是由内分泌腺决定的。

三、气质类型的外在表现

根据气质的特点和每种气质类型、神经过程的特点，可发现四种典型的气质类型的外在表现，描述如下：

（一）胆汁质

胆汁质神经过程的特点是强但不平衡，跟这种神经过程的特点相适应。胆汁质的人感受性低而耐受性高，能忍受强的刺激，能坚持长时间的工作而不知疲劳，显得精力旺盛。行为外

向，直爽热情，情绪的兴奋点高，但心境变化剧烈，果敢坚毅，脾气暴躁，难以自我克制。《三国演义》中的张飞和《水浒传》中的李逵，都是这种气质类型的典型代表。

（二）多血质

多血质神经过程的特点是强平衡且灵活，和这种神经过程的特点相适应。多血质的人感受性低而耐受性高，活泼好动，言语行动敏捷，反应速度和注意转移的速度都比较快。行为外向，容易适应外界环境的变化，善交际，不怯生，热情好客，机智开朗，容易接受新事物，同时注意力容易分散，兴趣多变，情绪不稳定。《还珠格格》中的小燕子和《红楼梦》中的王熙凤都是这种气质类型的代表。

（三）黏液质

黏液质神经过程的特点是强、平衡但不灵活，和这种神经过程的特点相适应。黏液质的人感受性低而耐受性高，反应速度慢，情绪兴奋点低但很平稳，举止平和，行为内向，头脑清醒，做事有条不紊，脚踏实地，但容易循规蹈矩；注意力容易集中，稳定性强；不善言谈，交际适度。《水浒传》中的林冲和《西游记》里的沙僧，他们给人的感觉都是比较沉着冷静的，正是黏液质的代表。

（四）抑郁质

抑郁质神经过程的特点是弱，而且兴奋过程更弱，和这种神经过程的特点相适应。抑郁质的人感受性高而耐受性低；多疑多虑，内心体验极为深刻，行为极端内向，敏感、机智，别人没有注意到的事情，他能注意到；胆小孤僻且多疑多虑，情绪的兴奋性弱，较难对某件事动情，或者被什么事情打动；寡欢，爱独处，不爱交往；做事认真仔细，动作迟缓，防御反应明显。《红楼梦》中的林黛玉，细心专注，多愁善感，便属这种气质类型。

上述四种都是非常典型的气质类型，但大多数人属于中间型和混合型，所以不要将任何人对号入座，应该从实际出发，认真分析，区别对待。

第四节　各种气质类型在绘画中的表现

绘画，是人类最古老、最接近灵魂深处的表达，绘画也是人类的本能，它所传递出的信息比语言更丰富，更真实，可以快速有效地将内心世界中看不到摸不着的主观世界，以生动而丰富的绘画形式外化成清晰可见的图像，帮助画者释放情绪，改善心理，认识自己，了解他人，促进沟通，改善人际关系，不同的人格特质在画面中也有不同的反应，就如下面不同气质画者的作品。施测"房树人组合图"时，准备一张 A4 白纸、一支签字笔、一个平整的可以绘画的环境。指导语是"请将这张A4 白纸横放，在上面画出房子、树、人物，其他的东西可以任意添加，但至少要包括这三样，人尽量画完整的人，不要画火柴人或漫画人物"。还可以补充说明，"这不是有关艺术能力的测验，不需要你画得像画家那样好，只要顺利地描绘就好了"。下面结合"房树人画"，对四种气质类型的绘画特征一一

进行分析：

一、胆汁质的绘画特征

画面粗糙较大，线条笔力较重、凌乱，绘画过程急促，颜色较为丰富，尖尖的东西也比较多；人物居中，其中动态人物较多；房屋、人物、树木都是简单描绘，房屋的门窗画得较大，开放度和接纳度较好。胆汁质的人精力比较旺盛，容易冲动急躁，做事反应快但不够仔细，遇事不喜欢过多思考，仅凭直觉或者第一反应就会行动，有一定的攻击性。

胆汁质绘画案例：固执冲动的中年男人

1. **画者信息：40 岁，男。**

见图画 3 - 8

图画 3 - 8

2. 画面的主要特点及释义

(1)画面的整体偏左——表示比较被动,情感比较丰富,对过去有留恋。

(2)房子屋顶画的是草房——可能有逃避的倾向,也表示目前能量不足,缺乏安全感。

(3)房子的窗户是空的——性格可能有些鲁莽,在社交中没有什么技巧。

(4)房子的基线有重复涂画——表示对家庭有所担心和焦虑。

(5)竹子——自我比较注重品格,气节较高。

(6)单线条的枯树枝——目前丧失信心,情绪低落,没有活力。

(7)树根部用了很多凌乱虚线条——信心不足,关注过去的表现。

(8)花朵——渴望被关注与支持。

(9)人物小而且是火柴人——自我评价比较低,缺乏安全感,可能在交往中也存在着不安。

(10)上空的云层,似雨的线条——表示存在着压力。

3. 画面解读

画者目前的状态是比较低落和沮丧的,加上性格冲动固执,遇到事情喜欢逃避,画面充分展现了画者的能量不足和失落感。对家庭有担心和焦虑,需要改善家庭关系。渴望得到支持,但在人际交往中却不是很顺畅,喜欢用过往的经验来解决现在的问题。画者需要接受现实,重拾信心,提升自我能力。

二、多血质的绘画特征

画面较大而饱满，内容比较丰富，圆弧线条居多，笔触轻柔流畅，画面细致；房屋、树木、人物描绘适中，树的生机适中，人际开放度、接纳度较好，画面人物两人以上。多血质的人对外界事物有好奇心，接受新鲜事物的能力强，爱提问但不容易长久，心境变化快，很难对一件事情持之以恒。

多血质绘画案例：强势的妻子被动的老公

1. **画者信息：33 岁，女。**

见图画 3 – 9

图画 3 – 9

2. **画面的主要特点及释义**

（1）画面偏大——以自我为中心，有过分自信的倾向，有时对周围环境感知无力，内心充满紧张躁动。

（2）画面下切——压抑着自己的冲动，独立行动时明显感觉到外来压力的阻碍。

（3）房子门窗较大，双扇门窗——人际开放度好，渴望他人理解和沟通。

（4）树干粗壮的松树位于房子的左侧——注重事业的发展，在家中女性对家的支持较多。

（5）老公在大树的左边，自己和两个孩子在房子和树之间——家庭成员之间的关系有阻碍。

（6）人物都是上半身，未画出手足——想得多行动少。

（7）眼部有涂抹——内心有焦虑，不想看见烦心的事情。

（8）鼻子大，躯体方正——固执倔强有主见。

3．画面解读

通过绘画心理分析与画者交流，画者比较自我，固执倔强，有主见，当下有强烈的压抑感，但对孩子的关注较多，希望老公与自己保持适当的空间距离。重视事业，但也在努力强调和维护家庭的稳定性。在与老公的相处中，画者在极力压抑内心的冲动与强势，渴望沟通和被理解，期待被动的老公能给予自己更多的空间和肯定。

三、黏液质绘画特征

画面整体大小适中，房树人比例合适，内容丰富，方正的东西较多，描绘细致，防御性强。作画时间比较长，线条反复修改，笔力较重，但色彩不会超过五种，树的生命力表现适

度，树上的果实大而少，涂抹在可控范围之内。房子的窗户门槛较高。黏液质的他们冷静沉稳，反应稍显迟缓，速度比较慢。

黏液质案例：42岁长不大的妻子

1. 画者信息：42岁，女。

见图画3-10

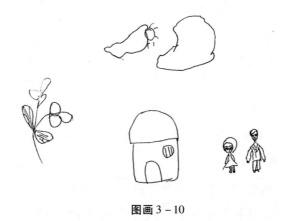

图画3-10

画者描述：先画房子，再画人物，没有画树，只在左边画了一朵花，最后画了太阳和云朵。

2. 画面的主要特点及释义

(1)画面大小合适，位置居中偏上，线条流畅——自我认知比较好，性格柔和，注重精神满足。

(2)蘑菇形的房子——幼稚，有依赖人格，想寻求保护。

(3)画中元素之间都有一定的距离——对自己的行动感到不安，且缺乏独立性。

(4)成双成对的花、云朵及人物——爱美，感性，渴望关注与陪伴。

3. 画面解读

画者比较感性，简单幼稚；非常爱美，想法多行动少，外表柔和，内心倔强。成双成对的东西较多，说明画者渴望陪伴与依赖。老公成熟理性，对事业有着较高的追求，虽然目光朝向妻子，但无法承担妻子的情感渴望。一个有着小女孩心态的妻子，一个成熟理性事业型的丈夫，二人有差距也有互补，建议双方共同规划未来的生活。同时，男方平常要多与女方沟通，给予女方安全感；女方也要不断完善自己，让自己独立坚强起来。

四、抑郁质的绘画特征

画面内容较少，作画时间长，布局紧凑细致，封闭性较强；长线条与圆滑线条为主，有涂抹、涂黑，还有尖锐之处；画面色彩单调，偏向深色和冷色；房屋、树木、人物较小，描绘仔细，树木缺乏生机，人物五官细致，动作多拘谨站立或坐着躺着。房屋有栅栏或栏杆等防护装置；画面有恶劣天气、雷电风雪、星空、月亮、星星，还有下坡的道路、垮塌的墙壁，强调地平线，还会画出各种小动物。抑郁质的画者敏感、谨慎、多疑，在乎别人对自己的评价，往往追求完美。

抑郁质绘画案例：自卑不是逃避的理由

1. 画者信息：38 岁，男，已婚，从事建筑行业，与家人聚少离多。

见图画 3 - 11

图画 3－11

2．画面的主要特点及释义

（1）画面偏小，位置居中偏上——内向不自信，注重精神满足。

（2）短线条反复勾勒——内心焦躁不安，情绪低落不自信。

（3）单面房，四个窗户——性格内向，敏感多疑，思想单纯，可能有抑郁情绪。

（4）成双成对的树木人物——感性，渴望关注与陪伴。

（5）树冠下垂，树干较粗——自我现状不好，情绪低落。

（6）火柴人——有一定的防御与不自信。

3．画面解读

结合绘画心理学分析与画者交流，画者性格偏内向、自卑，不善于表达；渴望婚姻圆满，家庭稳固，但又不自信；做事常常选择逃避和顺从，对妻子的不理解非常难过，担心婚姻家庭生活的变故，为此他也深感压力巨大。内心感到孤单和无力，期待他人能理解和支持。

第五节　气质类型测试

气质是人的个性心理特征之一，它是指在人的认识、情感、言语、行动中，心理活动发生时力量的强弱、变化的快慢和均衡程度等稳定的动力特征。主要表现在情绪体验的快慢、强弱、表现的隐显以及动作的灵敏或迟钝方面，因而它为人的全部心理活动表现染上了一层浓厚的色彩。它与日常生活中人们所说的"脾气""性格""性情"等含义相近。气质是人典型的、稳定的心理特点，包括心理活动的速度、强度、稳定性和指向性。这些特征的不同组合，便构成了个人的气质类型，它使人的全部心理活动都染上了个性化的独特色彩，属于人的性格特征之一。气质类型通常分为多血质、胆汁质、黏液质、抑郁质四种。

一、多血质

概括地说，多血质以反应迅速、有朝气、活泼好动、动作敏捷、情绪不稳定、粗枝大叶为特点。这种气质的人行动有很高的反应性，他们会对一切吸引他注意力的东西，做出生动的、兴致勃勃的反应。这种人行动敏捷，有高度的可塑性，容易适应新环境，也善于结交新朋友。他们一般性格外倾，情感易发生，姿态活泼，表情生动，言语具有表达力和感染力；他们还具有较高的主动性，在活动中表现出精力充沛，有较强的坚定性和毅力等。但有的时候，他们在平凡而持久的工作中，

热情会渐渐消退，表现出萎靡不振。

二、胆汁质

概括地说，胆汁质以精力旺盛、表里如一、刚强、以感情用事为特征。整个心理活动笼罩着迅速而突发的色彩。这种气质的人反应速度快，具有较高的反应性和主动性。他们脾气暴躁、不稳重、好挑衅，但态度直率、精力旺盛。他们能以极大的热情投入工作，并克服前进道路上的障碍，但有时会表现出缺乏耐心。当困难太大而需要特别努力时，会显得意气消沉，心灰意懒。他们的可塑性差，但兴趣较稳定。

三、黏液质

概括地说，黏液质是以稳重但灵活不足，踏实但有些死板，沉着冷静但缺乏生气为特征的。这种人反应性低，情感不易发生，也不易外露；态度持重，交际适度，对自己的行为有自制力，心理反应缓慢，遇事不慌不忙；可塑性差，不够灵活。这些特征一方面会使他们有条理、冷静、持久地工作，另一方面又使他们容易因循守旧，缺乏创新精神。行为表现一般为内倾，对外界的影响很少做出明确的反应。

四、抑郁质

概括地说，抑郁质的人以敏锐、稳重、体验深刻、外表温柔、内心怯懦孤独、行为缓慢为特征。这种人具有较高的感受

性和较低的敏捷性，心理反应速度缓慢，动作迟钝，说话慢慢
吞吞；多愁善感，情感容易发生，但表现微弱而持久。一般属
于内倾，不善于与人交往，在困难面前优柔寡断，在危险面前
恐惧和畏缩，受挫折后心神不安。这类型人的主动性较差，不
能把事情坚持到底，但富于想象，比较聪明，对力所能及的事
情表现出较大的坚韧精神，能克服一定的困难。

附：气质类型测试题

下面60题大致可确定人的气质类型。在回答时，若自己
的情况"很符合"记2分，"较符合"记1分，"一般"记0分，
"较不符合"记-1分，"很不符合"记-2分。

1. 做事力求稳妥，一般不做无把握的事。

2. 遇到可气的事就怒不可遏，把心里话全部都说出来才
痛快。

3. 宁可一个人干事，不愿很多人在一起。

4. 厌恶那些强烈的刺激，如尖叫、噪音、危险镜头等。

5. 和人争吵时总是先发制人，喜欢挑衅别人。

6. 喜欢安静的环境。

7. 善于和人交往。

8. 到一个新环境很快就适应。

9. 生活有规律，很少违反作息制度。

10. 羡慕那些善于克制感情的人。

11. 在多数情况下情绪是乐观的。

12. 碰到陌生人觉得很拘束。

13. 遇到令人气愤的事，能很好地自我克制。

14. 做事总是有旺盛的精力。

15. 遇到问题总是举棋不定、优柔寡断。

16. 在人群中从不觉得过分拘束。

17. 情绪高昂时，觉得干什么都有趣；情绪低落时，又觉得什么都没有意思。

18. 当注意力集中于某一事物时，别的事很难使我分心。

19. 理解问题总比别人快。

20. 碰到危险情景，常有一种极度恐惧感。

21. 对学习、工作怀有很高的热情。

22. 能够长时间做枯燥、单调的工作。

23. 感兴趣的事情，干起来劲头十足，否则就不想干。

24. 一点小事就能引起情绪波动。

25. 讨厌做需要耐心、细致的工作。

26. 与人交往不卑不亢。

27. 喜欢参加热闹的活动。

28. 爱看感情细腻、描写人物内心活动的文艺作品。

29. 工作学习时间长了，常感到厌倦。

30. 不喜欢长时间讨论一个问题，愿意实际动手干。

31. 宁愿侃侃而谈，不愿窃窃私语。

32. 别人总是说我闷闷不乐。

33. 理解问题常比别人慢。

34. 疲倦时只需要短暂的时间休息，就能够精神抖擞，重新投入工作。

35. 心里有话不愿意说出来。

36. 认准一个目标就希望尽快实现，不达目的誓不罢休。

37. 学习、工作同样一段时间后，常比别人更疲倦。

38. 做事有些鲁莽，常常不考虑后果。

39. 老师或他人讲授新知识、技术时，总希望讲得慢一些，多重复几遍。

40. 能够很快忘记那些不愉快的事情。

41. 做作业或完成一件工作总比别人花的时间多。

42. 喜欢运动量大的剧烈体育活动，或者参加各种文艺活动。

43. 不能很快地把注意力从一件事转移到另一件事上。

44. 接受一个任务后，就希望把它迅速解决。

45. 认为墨守成规比冒风险强些。

46. 能够同时注意几件事物。

47. 当我烦闷的时候，别人很难使我高兴起来。

48. 爱看情节起伏跌宕、激动人心的小说。

49. 对工作抱认真严谨、始终一贯的态度。

50. 希望做变化大、花样多的工作。

51. 和周围人的关系总是相处不好。

52. 喜欢复习学过的知识，重复做熟练的工作。

53. 小时候会背的诗歌，我似乎比别人记得清楚。

54. 别人说我"出语伤人"，可我并不觉得这样。

55. 在体育活动中，常因反应慢而落后。

56. 反应敏捷，头脑机智。

57. 喜欢有条理而不甚麻烦的工作。

58. 兴奋的事常使我失眠。

59. 老师讲新概念，常常听不懂，但是弄懂了以后很难忘记。

60. 假如工作枯燥无味，马上就会情绪低落。

评分方法：

多血质包括：4、8、11、16、19、23、25、29、34、40、44、46、52、56、60 题；

胆汁质包括：2、6、9、14、17、21、27、31、36、38、42、48、50、54、58 题；

黏液质包括：1、7、10、13、18、22、26、30、33、39、43、45、49、55、57 题；

抑郁质包括：3、5、12、15、20、24、28、32、35、37、41、47、51、53、59 题。

分析说明：

A. 如果某一项或两项的得分超过 20，则为典型的该气质。

B. 如果某一项或两项以上得分在 20 分以下，10 分以上，其他各项得分较低，则为该项一般气质。

C. 若各项得分均在 10 分以下，但某项或几项得分较其余项的得分较高（相差 5 分以上），则略倾向于该项气质（或几项的混合）。

第六节　趣味情感测试

导语："情感"和"心理"二字说出来很容易，但是真正懂得的却很少。我们扪心自问，在现实生活中，当遇到情感或心理问题时，会怎么办呢？下面由小编为您整理出相关的内容，一起来看看吧。

附：情感心理测试题及答案

趣味情感心理测试题

场景：你在森林的深处，向前走，看见前面有一座很旧的小屋。

1. 这个小屋的门现在是什么状态？（开着/关着）

2. 你走进屋子里看见一张桌子，这个桌子是什么形状的？（圆形/椭圆形/正方形/长方形/三角形）

3. 在桌子上有个花瓶，瓶子里有水，有多少水在花瓶里？（满的/一半/空的）

4. 这个瓶子是由什么材料制造的？（玻璃/陶瓷/泥土）（金属/塑料/木头）

5. 你走出屋子，继续向森林深处前进，你看见远处有瀑布飞流直下，请问水流的速度是多少？（你可以从0—10任意选一个）

6. 你继续向前走，试着找出一条路来，突然你发现眼前有一座城堡。这个城堡是什么样的？（旧的/新的）

7. 你走进城堡，看见一个游泳池，黑暗的水面上漂浮着很多闪闪发光的宝石，你会捡起这些宝石吗？（是/不）

8. 你走到城堡的尽头有一个出口，你继续向前走，走出了城堡。在城堡外面，你看见一座大花园，花园的地面上有一个箱子。这个箱子是多大尺寸的？（小/中/大）

9. 这个箱子是用什么材料做的？（硬纸板/纸/木头/金属）

10. 花园里还有一座桥，就在箱子的不远处。桥是用什么材料建造的？（金属/木头/藤条）

11. 走过这座桥，有一匹马。马是什么颜色的？（白色/灰色/褐色/黑色）

12. 马正在做什么？（安静地站着/吃草/在附近奔跑）

13．哦，不！离马很近的地方突然刮起了一阵龙卷风。你有三种选择：

(1)跑过去藏在箱子里？

(2)跑过去藏在桥底下？

(3)跑过去骑马离开？

测试答案：

1．门

开——说明你是任何事都愿与别人分享的人。

关——说明你是任何事都愿一个人去做的人。

2．桌子

圆形/椭圆形——总有一些朋友陪着你，你完全地信任并接受他们。

正方形/长方形——你在交朋友的时候有点挑剔，你只是和那些你认为比较熟悉的朋友有一些来往。

三角形——在对待朋友的问题上，你是一个真正的非常吹毛求疵的人，所以你的生活里没有许多朋友。

3．瓶子里的水

空的——你对目前的生活很不满意。

一半——你的生活只有一半达到你的理想。

满的——你对目前的生活非常满意。

4．瓶子的质地

玻璃/泥土/陶瓷——在生活里，你是一个脆弱而需要得到照顾的人。

金属/塑料/木头——你在生活里是一个强者。

5．水流速度

0—0 你根本没有性欲

1—4 你的性欲很低

5—5 中等水平的性欲

6—9 很强的性欲

10—10 哇！你有超强的性欲，生活里没有性根本不行。

6. 城堡

旧的——显示你在过去的交往中有一段不好的和不值得被纪念的关系。

新的——显示你在过去有一段很好的交往，现在仍然鲜活地驻留在你心里。

7. 从脏水的游泳池里捡宝石

是——当你的伴侣在身边时，你依然和周围的人调情。

不——当你的伴侣在身边时，你绝大多数时间只会围着他/她转。

8. 箱子的大小

小——不自负

中等——比较自负

大——非常自负

9. 箱子的材料（从表面看）

硬纸/纸/木头（不闪光）——谦虚的性格

金属——骄傲而顽固的性格

10. 桥的材料

金属——和朋友有非常紧密的联系。

木头——和朋友有比较紧密的联系。

藤条——周围没有很好的朋友。

11. 马的颜色

白色——你的伴侣在你心目中非常纯洁而美好。

灰色/褐色——你的伴侣在你心目中的位置一般。

黑色——你的伴侣在你心目中好像根本不怎么样，甚至还很坏。

12．马的动作

安静/吃草——你的伴侣是一个顾家的、谦虚的人。

在附近奔跑——你的伴侣是一个非常狂野的人。

13．这是最后一个问题但也是最重要的问题。故事的结尾是一阵龙卷风，你怎么去做呢？

现在，我们看看上面的这些事物代表的是什么：

龙卷风——你生活中的麻烦

箱子——你自己

桥——你的朋友

马——你的伴侣

（1）如果你选择箱子，无论何时遇到麻烦你都会自己解决。

（2）你选择桥，无论何时遇到麻烦你都将去找你的朋友一起解决。

（3）你选择马，无论何时遇到麻烦你都要和伴侣一起去面对。

第四章 绘画用于婚姻家庭咨询

第一节 心理咨询中夫妻关系常见问题

光怪陆离的世界，日新月异的城市，形形色色的人际百态。

在这个世界上，所有人际关系中彼此陪伴最长久的应属夫妻关系。夫妻是最熟悉的陌生人，没有血缘关系，又毫无瓜葛，因为一份神秘的吸引升级成为最亲密的关系。这样，来自不同家庭环境、不同教养方式下的两个成年人组建成新的家庭，共同承担起家庭的责任和义务。进入老年后，伴侣之间相互陪伴和相互照顾，又为生活质量奠定了基础。

看似水到渠成的美好关系，其间却充满着荆棘和坎坷。因为爱情相遇的两个年轻人，在脱离了恋爱期后，每天都要面对各种琐事，加上其他因素的影响，难免会出现矛盾和问题。夫妻关系中最常出现的问题有如下几种：夫妻一方感觉不到对方的爱，对对方有抱怨和不平，夫妻双方地位的不平等造成一方

的自卑和压力；成长环境不同、生活习惯的差异引发纠纷和争吵；一方过分控制或过分依赖，而使另外一方出现不满或者二人产生分歧，长期两地分居，沟通不够，性生活不协调或出现第三者使夫妻关系紧张等，以上诸多问题都会让婚姻面临解体。绘画作为一种新颖的媒介，可以揭秘婚姻男女言语不能抵达的心理层面，让夫妻更好地了解彼此需求，起到改善关系的作用。

婚姻是两个人的事情，需要两个人共同经营，造成婚姻矛盾的问题很多，其中就有八个常见的致命伤。

一、坚持"我是对的"

一个人如果不放弃自己固有的看法，无法接受与自己观点不同的看法，是无法很好地与他人共同生活的。"我是对的"不是婚姻关系中最具杀伤力的心理模式，却是打开婚姻伤疤之门的钥匙。这一关过不了，是无法看到其他问题的。

想要拥有和谐的夫妻关系，男女双方都必须离开自己的原生家庭。如果一方坚持"我的家庭很好，要按照我家的方式来生活"，"我的方式是最好"，就相当于给夫妻关系注入了一剂毒药。两个人走进婚姻，也是跟伴侣的家庭结婚，这意味着双方必须要去敬重伴侣、爱伴侣的家庭。只有这样，婚姻才能成功。

针对这个致命伤，时刻要记得：有效果比有道理更重要。"你有你的想法和方式，我有我的想法和方式，你不同意我，我也不同意你。我们可以一起探索双方都赞同的方式，而不必争执谁对谁错"。夫妻之间可以不同，但是不影响彼此相爱。

案例一：坚持我是对的

1. **画者信息**：54 岁，女性，家庭主妇。长期与伴侣关系不好，互相指责。

见图画 4 - 1

图画 4 - 1

2. **画面的主要特征及释义**：

（1）整幅画面偏上方——想象比较丰富，自我与他人保持一定的距离。

（2）画面无远近感——看问题比较表面，缺乏一定的感知能力。颤抖状线条较多——存在担心与焦虑。

（3）房屋数面墙在同平面、没有窗户——家庭关系可能不好，存在不安全感。

（4）一棵张牙舞爪的树从树根到树冠都是用混乱、颤抖、锯齿形线条描绘——体现画者思绪混乱、情绪激动，具有一定的攻击性，不善于控制情绪且生活环境不理想。

（5）人物稀疏的头发、下垂的眉毛、没有画眼珠——体现

精力不足，性格比较消极内向。

（6）大大的鼻子、嘴巴连在一起——可能与性无力有关，有诉求与渴望。

3. **画面解读及咨询建议：**

画者可能思想不成熟，缺乏沟通与协调能力，夫妻关系存在矛盾。在一段关系中，如果一方特别强势，大事小事都要插手，伴侣稍微有点自主的想法就会被百般挑剔，意愿得不到尊重，这样的关系就很难和谐。日复一日的小矛盾、小伤害，都会造成关系的威胁，日常鸡毛蒜皮的小吵小闹，就会升级为不断的口舌之争。这样，双方都很难给予对方温暖感和爱意。爱不是控制，更不是绑架，所有以爱之名的控制都是自私的表现。建议控制好情绪，好好沟通，跟伴侣展示自己的诉求和积极面，不要以冲动、暴躁的方式解决问题。

二、"托付"心态

"托付"心态是对婚姻关系最具杀伤力的心理模式。"托付"就是把照顾自己或原生家庭的责任交给另一个人。被托付一方的心理往往因此停顿下来，不再有成长和提升。如果有一天幡然醒悟，便会发现双方的差距已经太大了。

被托付的一方对伴侣过度依赖，更加接近亲子关系，而不是成人关系。有时一方对自己的伴侣过度负责，甚至愿意去承担伴侣整个原生家庭的负担，这种做法一样会妨碍成熟的关系。

正确的心态是：双方都有足够的能力照顾自己的人生。两个负责任的成年人在一起，可以互相支持、互相滋养、互相激励，共同成长，产生独自一人不能获得的成功和快乐。

三、不愿分享"内心感觉"

在婚姻关系中，一个人的情绪常导致争吵或关系疏离，一些夫妻会有"不把情绪带回家"的协议，这是比较危险的。当我们有情绪时，对伴侣坦诚说出反而会是比较好的做法，很多人以为不把情绪说出来是为了不使伴侣担心，事实上，不说出来会使伴侣更担心，并传达给对方一个信息：我的心已不再与你贴近。

把情绪说出来跟把情绪发泄在对方身上是两回事。一个人有情绪，同时能够认识情绪并且与人讨论自己的情绪状况，是思想成熟的表现。学习情绪管理，可以帮助我们认识自己的情绪，并用不伤害彼此的方式去表达。

案例二：不愿分享内心感受的男人

1. *画者信息：55 岁，男性，私企老总。在他人眼中事业有成，个性温顺，近段时间妻子怀疑画者有外遇，每天争吵不休。画者非常烦恼，前来寻求帮助。*

见图画 4-2

图画 4 - 2

2. 画面的主要特征及释义：

（1）整体画面大小适中、不连续线条较多——有一定自我认知，存在不安，缺乏忍耐性。

（2）面包型屋顶——做事善于掩饰和隐藏，且注重外表。

（3）两个房门——可能存在两个家或想重建家庭。

（4）从根部往上收于一点的树干、向上伸长的树冠树枝——有目标，追求精神生活。

（5）凸出地面且粗壮的树根——对无意识层面的探索，欲望强烈。

（6）人物 3 字形耳朵，大小眼——喜欢听好话，善于交际。

（7）大鼻子——可能比较性感。

（8）一字型嘴巴、方形身体、居中纽扣——体现了画者比较自我，固执己见，内心有憋屈不愿诉说。

3. 画面解读及咨询建议：

画者是一个有一定目标，做事善于掩饰，喜欢听好话且非常固执，有自我主张的人。同时，性欲也比较强烈。画面中颤抖型的线条，房屋的墙壁与基线没有完全连接，两扇门，可以看出画者婚姻出状况了，如需修复，则需要双方共同努力，妻子也应该了解丈夫的需求与性格特征，从而有效改善并调节夫妻关系。

四、维持"表面的和谐"

我们是追求和平、和谐的民族。在重视与追求和谐的环境中长大的人，会错误地认为无论什么情况，都需要忍让，于是会不顾一切地维持表面的和谐。忍让会造成情绪的积压，如果是为了孩子、老人或其他原因，两个人勉为其难地维持一个"金玉其外，败絮其中"的关系，最终会导致长期累积的负面情绪的大爆发。这样不仅会使关系遭到破坏甚至破裂，而且双方的身体也会因此付出惨重的代价。

两个人在缔结关系的最初，便应该约定好矛盾解决机制。这个机制应该能让两个人平静地说出自己不能接受的语言和行为，并且商定解决办法。

五、不会"处理冲突"

我们从小被教导要谦逊忍让，却没有被告知如何去面对和解决冲突。很多夫妻吵架之后就是冷战，这也是很危险的，因为冷战唯一的发展方向就是更加疏远。

有些争吵的夫妻，一方情绪冷却后想修补受伤的关系，于是用一种"失忆症"式的态度主动和解，让风波成为过去。但是冲突造成的情绪在心底还有痕迹，如果积累得太多，就会在某一天爆发出来。

在很多夫妻中，有些人用类似"原谅""宽恕"的态度处理争吵。其实，这样的态度可能对关系有更大的伤害。因为"原谅"和"宽恕"是把自己放在比对方优越的位置，没有真正尊重到对方的人格和尊严。

案例三：你的冷漠我看不懂

1. **画者信息：** 张某，49岁，女性。画者与老公近半年来分房而卧，双方产生矛盾时，老公对自己漠不关心，语言交流降到最低限度，性生活停止或敷衍，懒得做一切家务工作，每次主动与老公沟通都无回应，情绪一度快要失控，于是前来咨询。

见图画4-3

图画4-3

2. **画面的主要特征及释义：**

(1) 画面大小适中，位置居中偏右，长线条居多，有涂抹，整个画面处于一条水平线——画者以自我为中心，控制欲望较强，内心缺乏协调性，不善变通。

(2) 树木高大，人脸的树冠，节外生枝，笔直的树干——画者经历了突然的变故，内心不愿接纳，目前只愿活在自己的世界里，左侧尖尖的树枝有一定的攻击性，在人际方面缺乏可塑性。

(3) 人物居中没有头发，五官有涂抹，头部与躯体直接相连，方正的躯体，纽扣整齐摆在中间，手臂下垂，腿部不全——画者情绪起伏较大，自我认识不清，有无力感。

(4) 歪斜的单面房屋，屋顶与墙壁直接对接，高高的窗户——家庭结构不稳，处于精神崩溃的状态，希望有透气的空间。

3. **画面解读及咨询建议：**

画者原本是个自身能力较强的人，可能目前遭受变故，情绪易冲动，使得当下有无力感，精神处于崩溃边缘，家庭关系紧张，无力去解决，只能退缩在自己的世界中。

在婚姻中，每个人都不仅代表个人，还是两个家族、两个社会系统的结合。来自两个家族和系统的青年男女一旦携手走进婚姻，很快会面临两大角色的转变，即从恋人到夫妻、从夫妻到为人父母。这时，夫妻二人往往会因为缺乏足够的认识，很难胜任应有的职责，婚后的生活，也不能像被新婚祝福般顺利和甜蜜，往往会被分歧、矛盾、争吵，甚至冷淡充斥，各种各样的冲突会给夫妻、家庭生活蒙上阴影，很多人由此陷入苦恼和迷茫。这些问题的产生有客观原因，更主要的是主观因

素。结婚使当事人的相互关系和心理发生了巨大的变化，如果当事人不能很好地适应这个变化，婚姻就会变成爱情的坟墓。

夫妻之间的分歧、矛盾和冲突是不可避免的，正确处理夫妻冲突是婚姻适应的重要技能。夫妻意见不一致或发生冲突并不意味着夫妻关系恶化。事实上，成功地解决冲突可以促进相互理解，从而增进夫妻感情。冲突体现了一种权力和地位，一个独立人对自身价值的肯定和对于自己意见的尊重。在冲突中，夫妻双方的不同意见和反对情绪都可以宣泄出来，不仅能使夫妻双方深化了解，而且能使人得到某种心理上的安慰。冲突过后，如果能进行沟通，寻求对双方有益的解决方法而非试图忘记或视而不见，往往能够改善关系。有问题需要解决的，也是可以解决的。幸福的婚姻是能够建设性地解决冲突，而不是回避或掩盖冲突。

夫妻在长期的磨合中，要一起面对问题，解决问题，相互理解、信任、宽容和支持，使关系更亲密。据调查，拥有最融洽美满、和谐稳定的夫妻关系的，既不是为了一点小事就吵得不可开交的夫妻，也不是"举案齐眉""相敬如宾"的夫妻，而是有较深的感情基础，但又经常会发生一些小冲突的夫妻。

六、"受害者"心态

"受害者"心态就是一个人不会百分百对自己负责，只会埋怨别人，把所有的责任都推到别人身上。

婚姻生活中，如果有他（她）该做但没做到的，就会说："都是他（她）害我变成这样的，我有什么办法?!"只要我们在抱怨，不管是口头上的言语，还是心理上沉默的抗议，大都是受害者心态在作怪。婚后，如果觉得婚姻中的冲突都来源于对方，"每次都被他（她）欺侮或是陷害"，就说明我们有受害者心态。

改变自己的信念和规则，"我为我的幸福快乐负责！"用这样的信念来替代旧有的信念和情绪模式，婚姻就会呈现和谐面貌。

七、"交换"心态

"你爱我，对我好，我才爱你，对你好。"这句话的言外之意就是"我爱你"的前提是"你爱我，对我好"。爱变成了交换，变成了生意。

很多人年龄大了，身体成熟了，结婚了，也有孩子了，可自己内心还是个孩子。孩子之间会有"今天玩得好，是好朋友，明天闹僵了，就不一起玩了"。但婚姻中为对方付出而不求回报，只要对方高兴，不管有没有回报都很开心，继续无条件地爱着对方，这才是爱。"我爱你，所以你也要爱我"，这是有条件的爱、交换的爱，不是真爱。

如果婚姻中的一方或双方存在交换心态，就会污染爱，毒害爱。交换心态表明婚姻中的一方或双方没有真正成长。

八、"占有"心态

热恋中的男女总希望彼此能永不分离，想尽一切办法把对方绑在身边，只要一分开就感到痛苦，穷尽办法追踪对方的行动。嘴上说是关心，不过是在满足自己的占有欲。当贪念愈来

愈多以至无法满足时，就会陷入得不到之苦，这就是为什么当我们爱一个人愈深，痛苦也愈深的道理。

完形教育认为，夫妻相处也要像亲子一样，做到"尊重而不放纵，关怀而不干涉，分享而不教导"。尊重双方的界限和底线，关怀他（她）而不是包办和代替他（她），与他（她）分享我们的感受和体验，而不是把我们的信念和价值观强加在他（她）身上。

"我们可以很不同，但是我们仍然可以很相爱。"夫妻关系会因此而更加和谐、亲密，而和谐、亲密的夫妻之情带来的滋养，是任何风花雪月的关系都无法取代的。

第二节　多种绘画技术在婚姻家庭咨询与治疗中的实践运用

一、典型咨询案例

对于那些不善言谈或有相关疾病的画者，如自闭症、失聪、迟钝、大脑损伤、妄想；对言语治疗有阻抗的人，如对谈话疗法有抵触情绪，而其他方法均无疗效的；怀疑自己口语能力和害怕治疗师"玩他们的心理"的人，树木画、随意画、多维添加画、曼陀罗画、家庭动态图、警察抓小偷趣味画、你说我画愿景图等，都可以打破防御，在婚姻家庭咨询中起到沟通和疗愈的作用。

(一)树木画中的自我认知与成长

案例一:

1. **画者信息**: 40 岁，女，医务人员。与老公关系紧张却不明所以，不知道自己哪里没做好，老公已经一个星期不愿与自己交流。想了解自己又说不会画画，于是画了一幅树木画。

见图画 4 - 4

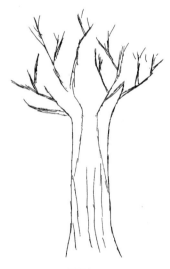

图画 4 - 4

2. **画面的主要特征及释义**:

(1)画面整体偏大居中，位置偏下——性格外向，自信，脚踏实地。

(2)多为反复涂抹的短线条，线条多——情绪焦躁，追求完美。

(3)树干粗大——个人能力强，家庭支持较多。

（4）枯树——对自我状态不满意。

（5）尖尖的树枝直接从树干长出——情绪不稳定，人际关系方面有攻击性。

3. **画面解读与问题分析：**

对于防御心理比较强的来访者，可以用树木画去了解他当下的心境与人际关系。这位40岁的女性，想了解自己与老公的关系，我们就可以通过树木画了解她的交往模式和个性特征。从这幅画来看，画者是一个性格外向、自信、个人能力强、追求完美、爱面子的人。家人对他的支持较多，但对自我的现状不满意，可能在人际交往方面要求比较高，同时又太过直接，与他人沟通中有一定的攻击性，得罪人而不自知，使得自己当下的状况不好，情绪焦躁。当通过画面看到自己的不利因素后积极变通就能找到解决问题的方法。

树木画的象征含义——

（1）代表一个人内在的自我，潜在的自我；

（2）一个人的成长过程（生命力）；

（3）一个人的事业。

树冠代表一个人对自我现状的认可程度；树干代表一个人的自我能力和社会支持。

（二）随意画中宣泄情绪与个人成长

案例二：随意画中宣泄情绪与个人成长

1. **画者信息：**36岁，女性。老公忙于工作，两人因相处较少，成了你不说我不提的沟通方式。老公想了解太太的内心，让太太画了一幅随意画。

见图画 4-5

图画 4-5

在绘画心理投射中，乌龟是对健康长寿的期盼，也有能屈能伸、做事圆滑、自我保护的象征。

2. 画面的主要特征及释义：

（1）整体画面大小合适，位置偏居中，用笔力度较重——有以自我为中心，掌控欲强的表现。

（2）反复涂抹的轮廓线——画者非常爱美，注重外表，爱面子。

（3）朝向右上方仔细描绘的玫瑰花——画者对未来美好的期待与追求。

（4）龟背格纹——成长中的束缚感。

（5）尖尖的爪子——带有一定的攻击性。

3. 画面解读及咨询建议：

虽然是一幅小小的随意画，却呈现了画者在夫妻关系中的

特点：只顾及自己的感受，僵硬的外表包裹着脆弱的心灵，一旦对方靠得太近就会受伤。一面渴望着关注，一面又带着强烈的攻击性，纠结中让关系难以为继，想得多，行动少。希望老公浪漫一点，可是老公又不解风情，只有敞开心扉真诚地接纳与沟通才会走得更好。

二、曼陀罗夫妻总动员

案例三：你若安好，便是晴天

1. *画者资料*：33 岁，女。最近，画者与异地恋男友关系紧张，不知对方是忙于工作，还是不爱自己了，电话经常不接也不回，好不容易打通都说工作很忙。画者心情烦闷，前来咨询。

图一 曼陀罗放松(彩图见附图 1)

见图画 4 - 6

图画 4 - 6

画者自述：待自己静下心来时，首先映入眼帘的就是这张卡片，它似乎能够代表自己当下的状态。不想播放音乐，不想燃香，让思绪随心所欲地流动。情不自禁地拿起深蓝色的笔从圆心开始涂抹，让思念变成深邃的蓝，随着一圈圈漾开，任自己坠入了蓝色的深洞；努力把对方想象成恶魔，于是涂了一层黑色，好让自己舒服些。想要努力忘记他，然而思念是没有方向的风，吹散了岁月的痕迹，凌乱了舞步，疯狂了四季，在一点点温情里涅槃成诗。即使不能紧紧相依，也期盼有相互靠近的机会。忽远忽近的变幻，丝丝如伤的情感，在心与心疲惫的夹缝中，丈量出一种叫距离的殇然；不自觉地又拿了一支黄色的笔涂了起来，似乎从黑色透出的黄是挡不住他的温暖、善良，还有靠谱，随着温暖黄色的涂画，内心也越来越放松，想到他的不易，不自觉地拿起了绿色，就好像是看到了希望，便有了粉红的回忆，越来越开阔，焦躁与心魔也越来越远，思字跃然图上。

　　图二　疗愈（彩图见附图2）

　　见图画4－7

图画4－7

画者自述：带着内心的怨气而来，经过放松、放松、再放松，情不自禁选中这幅曼陀罗，从圆心开始涂抹，黄色便成了首选。图中仿佛你我，我更浓烈，你略带屈从的压力，让人很不爽，中圈蓝色是安全宁静的环境，外圈咖色与粉色的结合是希望理性中不失浪漫的气息，最后在中间加点绿色是有所希望的象征，留白是想突出主题。

2. **咨询建议：**

人生最大的问题是看不见自己的问题。也正因为看不见，问题才会是问题。然而问题也出在这里，当问题发生时，我们总习惯把手指向别人，却忘了看向自己。

为什么这样对你说话，是他的问题；为什么用那种态度，也是他的事。为什么你会那么在意？为什么你会觉得受伤？为什么你会生气？这才是你要关注的问题。闭起眼睛，向内心探寻。把那个指责你的人忘掉，不论他做了什么都忘掉，只要深入你自己。你将看见内在的伤口。每当你觉得受到伤害，要记住，那是因为你有一个伤口。就因为你有一个，甚至很多个伤口，所以只要别人不经意地触碰，你就敏感地又叫又跳。你痛苦，不是因为别人的错误，他们或许做了某些事，但那是他们的事，除非你身上有伤，否则无论他们撒盐、洒水，甚至随意触碰，你都不会受到任何影响。经营关系永远应该在自己身上着力，要别人为你负责，等于是在"求人"，你成了奴隶，这样迟早会被牵着鼻子走。

要想成为自己的主人，必须了解："不论什么事发生在我身上，我都必须无条件地完全负责。"在刚开始的时候你会觉得沮丧，因为你无法再在别人身上找答案，但是如果你能坚持下去，继续"向内求"，把指向别人的手转过来指向自己，把对别人的要求转成对自己的要求，很快的，你就能活出自己。

曼陀罗绘画的七个自性功能，能够促进来访者的心理健康成长：

（1）保护功能：指自性能够以保护者的意象出现，给予自我安全感或者勇气。在曼陀罗作品中，城堡、盾牌、宝剑等就具有这样的功能。

（2）分化功能：自性能够促使自我功能分化为感觉(S)、直觉(N)、思维(T)、情感(F)，并且不断丰富和强大。

（3）凝聚功能：自性能够让自我围绕着它转动，注意集中而不散乱。在曼陀罗作品中，眼睛、转轮和宇宙树等就具有这样的功能。

（4）整合功能：指自性具有协调并化解对立冲突的功能，它通过众多曼陀罗意象中表现出来，比如十字架、太极、桥梁等。

（5）指引功能：指自性具有引导个体成为整合又独特性的人的倾向。当自我处于迷茫和困惑时，自性会以各种形象来指引自我，比如星星、灯塔、智慧老人等。

（6）超越功能：指自性指引自我后，自我不断转化并提升，不断完成心灵的成长。自性的超越性可以用各种神话传说及宗教中的神灵出现，或以各种各样的法器表达。

（7）开悟功能：指自性在自我超越的基础上，逐步领悟无为和空性的意义。

曼陀罗绘画的核心是激活自性功能，从而起到心理自愈的作用，它是一种专业的心理治疗技术，而非心灵鸡汤。

第三节　绘画心理评估(家庭动态图测验)

家庭动态图测验(Kinetic‐Family‐Drawings KFD Burns & Kaufman，1972)要求来访者"画一张画，包括你的家里所有的人，也包括你自己，正在做某件事或从事某种活动。你要把人物画完整，不要画卡通画或简笔画。一定要记住，每个人都在做事情，也就是说正在做某些动作"。家庭绘画的主要目的是：了解来访者在家庭中的角色地位。从家庭图中可以看到来访者对家庭的态度、家庭成员间的动态关系，比如夫妻关系、亲子关系、父母关系等。

一、家庭动态图打破关系僵局

绘画是一种可视化的工具，可呈现家庭及家庭成员的心理状态，亲密度，内在的需求等。比如：画面的内容、人物大小、仔细描绘程度、远近、位置、顺序、线条特点等。家庭动态图可以看到家庭成员的亲密度。全家福考察画者对家庭、家庭关系的想法、情感和态度以及家庭成员之间的亲密关系。

人物画得越大，往往是家庭中比较重要的，或者是画者心中比较重要的成员。处于中心位置的人物，是家庭中心，权威人物。画者与谁靠得近，代表与这个人的关系比较亲密。

案例四：家庭动态图

1. *画者信息：36岁，女，护士。与婆婆关系紧张，画了家庭动态图。*

画者自述：左上的人物是公公婆婆，右上是自己的爸爸妈妈，右下居中的是自己一家四口，分别是老公、女儿、自己和儿子。

见图画4-8

图画4-8

2．画面的主要特征及释义：

（1）画面偏大偏满——画者自信外向，内心躁动。

（2）长线条居多——自我掌控能力较强，充当主导角色。

（3）人物较大——自信，自我评价高，有一些自我。

（4）屋顶偏大的房子，居中偏上，人物远离——有来自家庭的精神压力，对家庭感受性不好。

（5）孩子与家长的手部有涂黑——家长陪伴孩子方面有欠缺，在互动中有焦虑。

（6）左侧树木——树木偏小，潜意识里面缺乏安全感，女性在支持着家庭。

3. **画面评估及咨询建议：**

画者希望公公婆婆与自己的家庭隔离，自己的父母在身后支持自己，画者描述也是父母平时在帮自己带孩子。希望自己一家四口有独立的空间，画面中爸爸和女儿关系亲密一点，自己和儿子相处多一些，只是现实中心有余而力不足。工作生活的压力让画者非常委屈，希望另一半能有所担当，在家庭关系中起到平衡的作用。

二、半圆添加画看夫妻关系

半圆添加画表示婚姻情感的维度，主要用来测试自己对待另一半的态度和观念。

指导语：请你在下面的半圆上添加任何你想添加的东西，包括符号、文字、图片、人物、动物等，想怎么添加都可以，由你来决定，使画面更完善，画完后结合画面命名。

准备：纸张 a4 纸的半张纸。半圆大小只占 1/6 或者 1/4 大，半圆位置位于画纸正中心及上下左右均应居中，半圆为左半圆，且画者作画时，纸张必须横放保持左半圆的位置。

案例五：半圆添加画

1. 画者信息：38 岁，男，IT 行业。已婚，育一儿一女，儿子 7 岁，女儿 1 岁，画者照顾家庭时间较多。

图画名：苹果

见图画 4 - 9

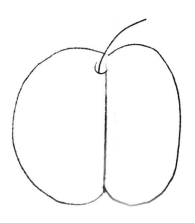

图画 4 - 9

　　画者自述：看到半圆很自然就想到了苹果，觉得婚姻就应圆满祥和，自己近来心情起伏挺大，不知是工作压力，还是没有休息好，特容易被激惹，也许画出这个圆圈就是想让自己内心简单平和一点。

　　画面解读：画者先在半圆右侧添加，形成一个完整的圆。整幅画线条流畅，添加的半圆起笔略高于原来的半圆；起笔轻，收笔相对自信工整，在上面添加了向右侧倾斜的柄，显然比较关注另一半；右边半圆稍大也体现了画者希望另一半能给予他更多的支持与理解，自己同时也会关注另一半的发展与追求。看似简洁的画面也呈现了画者暖男的一面。

　　建议指导：有个性的你对婚姻期望相对比较理想，你对另一半的支持和理解需求看得较重，如果能够保持自己的情绪稳定，家庭也会越来越圆满和谐。

　　2. 画者信息：34 岁，女，工程师。已婚，育一儿一女。

图画名：飘

见图画 4 – 10

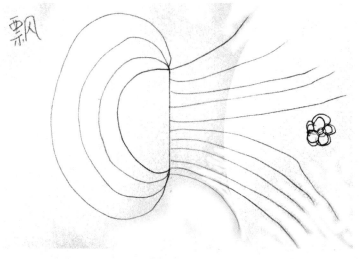

图画 4 – 10

　　画者自述：先在左半圆外添加了三条弧线；然后再到右边添加了一条一条的线条，凭直觉想画出飘动的感觉；接着添加了一朵小花；最后看看整体像水母。其实自己当初也不知道画什么，心随画笔而动，后面是波光粼粼的水面，有飘起来的感觉。

　　画面解读：半圆的左侧通常代表自己，右侧通常代表另一半在画者心中的位置。画者先在自己这边添加了层层弧线，考虑是否有自我封闭，或者对过去的隔绝，同时也在加强自己的内在能力。把另一半化成飘动的线条，显示着画者想承担起家庭的责任，成为家庭前进的主导者，另一半起辅助平衡作用。另一半此刻又有不确定、迷茫的感觉，后面添加一朵小花，是希望得到另一半的关注与支持，希望另一半维持家庭的平衡现状。

建议指导：画者希望自己隔绝过往，一心一意对另一半敞开心扉；希望另一半起到推动平衡的作用。画者若能以平和的心态去看待两性关系，无须过分在意谁主导家庭，而是能够理性地分工合作，这样两性关系才会更和谐，对方才能真正地进入画者的内心，让家庭更加圆满。

三、你说我画愿景图修复夫妻关系

有专家指出，当前信息时代，手机、电脑、电视，三块屏幕在很大程度上阻挡了现代人的生活，加上忙碌的工作，生活中的各种压力，让很多夫妻出现各自为政，交流过少的现象。如果夫妻能够抽出时间，增进夫妻感情，绘画会是非常好的途径。夫妻双方你说我画，把自己的心愿说出来，对方帮忙画下来。以这种形式绘画，把内心的需求愿望呈现出来，共同锁定目标，实现愿景。

准备工作：A4白纸一张，彩笔油画棒一盒，一段欢快的音乐。

操作流程：夫妻双方用游戏的方式，如石头剪刀布或者抛硬币等决定谁说谁画的先后顺序。画完后双方交流作画过程中各自的感受。绘画双方还可以交换角色体验。游戏过程中双方遵守游戏规则，不可反驳对方的愿景意愿。游戏结束前互相指出可以实现和不可实现的意见意愿，达成共同的目标。

案例六：你说我画愿景图

1. 画者信息：男，51岁；女，47岁。结婚十九年，婚后育有一男孩。丈夫为现役军人，夫妻关系进入平淡期，想找到生活的目标。图画为男性执笔，女性指导，共同合作完成。

见图画4-11(彩图见附图3)

图画4-11

画者描述:画了独栋的别墅,后面是群山。左侧画了一棵柳树,左下角是鱼塘,里面有很多水草,还有鱼。右侧是鹅卵石的路,右下角是花园,房子前面有石阶路,还有石凳、石桌子,画面中几个人分别是自己和老婆,还有儿子未来的一家4口。画面是全家人其乐融融的田园生活,自给自足,没有外人打扰。

2. 画面的主要特征及释义:

(1)画面偏大,位置居中偏下——性格外向有躁动,注重安全感,脚踏实地。

(2)短线条较多——当下情绪焦躁,内心太平静。

(3)房子在一条平面上——缺乏变通的家庭关系模式,具有依赖感、互补性和替代性。房子较大——表示家在画者心目中的位置较重。

（4）边框涂红色的窗户——在表达方面不够顺畅，渴望与他人建立良好的沟通关系。

（5）两条门，两条路——性格多变，有防御保护，渴望陪伴关注。

（6）花花草草——渴望关注，爱美，注重环境。

（7）左侧的柳树——受母亲影响较大，关注过去，怀旧，有女性化倾向。

（8）左下角鱼塘——过去的情绪对自己有所影响，但在控制范围。

（9）远处的高山——有远大的抱负，也有一定的攻击性。

（10）火柴人——防御与自我认识不清。

3．咨询建议：

夫妻要有共同的生活目标，才能实现美好的愿望。在沟通方面注意语言语气，两人才能更好地接纳彼此。人际方面如果可以圆融开放一些，会更利于实现自己的目标。想要的东西很多，但要有规划，内部世界的丰富更需要外在的力量与行动来支持与推动，才会更快地实现自己的理想生活。

四、你追我赶夫妻涂鸦画

材料：白纸一张（可以是素描纸或 A4 白纸），水彩笔和油画棒一盒。

规则：夫妻二人分别扮演警察和小偷两个角色，每个人分别选择一支自己喜欢的彩色笔，并将两只彩笔集中到纸的正中间。警察抓小偷游戏开始时，小偷先画，小偷的笔要在纸上一直跑，警察的画笔沿着小偷的轨迹一直追，线条不能断，追上

就算输。第二轮角色互换，第一轮的警察，到第二轮就是小偷，第一轮的小偷，到第二轮就是警察。两轮后在乱七八糟的线里寻找图形，找出图形后把它圈出来，比如帽子就描画出帽子的样子，动物就描绘出动物轮廓，一定是有意义的东西，双方共同把它串连成一个故事。此游戏不仅可以宣泄情绪，还可以增进夫妻感情。

案例七：你追我赶夫妻涂鸦画

1. **画者信息**：男性，47 岁；女性，35 岁。结婚十几年，双方育有一女，女儿现读高中。夫妻关系一直以来都算和谐，男方对女方呵护较多，也比较谦让女方。最近一个星期两人处于冷战期，为了让两人能重拾往日的欢乐，用趣味画让两人增加互动，打破僵局。

见图画 4 - 12（彩图见附图 4）

图画 4 - 12

女画者描述：在选色时，我选择了自己喜欢的绿色，当小偷在前面奔跑的感觉也是我喜欢的。刚开始还有些拘谨，轻轻地犹豫着画，后来，越画越开心，越画越放松，越画越快，而且特别喜欢自己在前面领头的感觉。

男画者描述：我选择了咖啡色，可能跟我平时比较内敛，不喜欢太张扬的性格相关。在后面追的时候有些不悦，觉得她根本不顾我的感受，尤其在后边跟不上她的节奏的时候，就在想：她就不能慢一点？但画着画着，又想到这是个游戏，她跑得快慢都没关系，渐渐地就感觉轻松了很多。画完后我们从涂鸦中找到了北极熊、鸭子、山峰、海豚、小鸟。虽然我们在找北极熊的过程中有争议，但当爱人把画倒过来给我看时，发现确实很像北极熊，也说明现实生活中有可能我们每个人观察的角度不同，发现的问题也会不同。这幅画引导我们感悟生活，也领悟到沟通的重要性。

2. **咨询建议：**

涂鸦画更注重个人感受，夫妻双方在互动中可以体现出合作、默契、包容、接纳、感动等等，不仅可以起到宣泄情绪的作用，也可以重拾童趣，让心态年轻。

第四节　典型咨询案例

案例一：异地恋绘画案例

1. **画者信息：** 26岁，女，公司主管。与男友相恋一年，双方因工作原因分居两地，画者最近会感到迷茫，对现状有很多不确定感。

见图画4-13

没有人！

图画 4 - 13

2. 画面的主要特征及释义：

(1)整体画面较大，线条流畅——自我认知较好，有一定自信和控制力。

(2)房屋很多窗户——渴望与他人沟通交流。

(3)烟囱炊烟偏向一方——渴望家庭温暖，家庭内存在紧张感。

(4)房屋周围布满鹅卵石——可能是家庭关系的一种阻碍。

(5)池塘——受限，缺乏源动力的表现。

(6)横椭圆形树冠——存在压力，感觉自己被期待得较多。

(7)直立平行树干、大而多的果实——有较多想法，有抽象思考能力。

(8)树根被圈、伴有小草——表示被束缚，渴望陪伴与关爱。

（9）用文字表示没有人——渴望关注，同时不画人物也表示了对自我认知的模糊，或是对自我现实状况的回避和隐藏。

3. **画面解读及咨询建议：**

画者缺少家庭生活的温暖，渴望陪伴和关爱，性格本身单纯外向，但此时感觉被束缚，感到压抑和烦恼。画者需及时调整家庭生活状况，调整心态，转移注意力，多读书以构建强大的内心。学会爱自己，找到兴趣、爱好，丰富自己的生活，同时要学着向对方倾诉，共同商量对未来的规划，这样就可以避免因更多的心理压力导致对感情的动摇。

案例二：凑合婚姻绘画案例

1. **画者信息：** 31 岁，女性，公务员。老公 45 岁，是企业员工，平时工作较忙。两人结婚 7 年，孩子四岁，平时由奶奶带。结婚伊始，女方就觉得老公与自己价值观不同，生活死板不懂浪漫，每天都是两点一线，很少交流，考虑孩子一直没有离婚。自觉生活像一潭死水，不知是否应继续这样凑合的婚姻。

见图画 4 - 14

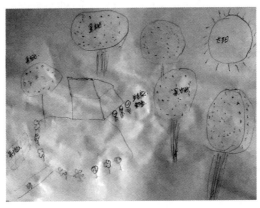

图画 4 - 14

2．**画面的主要特征及释义：**

(1)整体画面比较大、比较满——比较自我，强调自我存在。

(2)树林包围的房子——意味着不能很好适应现实，可能有怀才不遇的感觉。

(3)倾斜、没有门窗的房子——家庭感受性不好，拒绝与他人交流。

(4)屋前用花园围住、围栏外有路——对外界的防御，可能害怕与外界沟通，却又希望得到关注。

(5)菜地——自给自足的体现，也是逃避现实的表现。

(6)多棵分散的树——对自己的价值不确信。

(7)右上角大大的太阳——渴望权威人士的引领与温暖。

(8)果树上小而多的果实——迷茫，没有信心和能力实现自己的目标和想法。

3．**画面解读及咨询建议：**

画者防御心强，渴望有人理解与引领，又不愿主动与人沟通，矛盾心理，想法多行动少，对自己的价值不确信。可能付出了很多，又得不到家人的认可，于是不再主动。建议面对现实敞开心扉与家人沟通，学会不被回应后还能真诚地表达自己需求，不是盲目给予，那样付出再多也只是徒劳，只有调整自己，明确目标才不会在家庭关系中迷茫。

案例三：同性恋绘画咨询案例

1．**画者信息：**陈某，25岁，男，建筑设计师，单亲家庭。画者家境较好，是家里的独生子，平时与母亲生活在一起。画者有着体面的职业，俊朗的外形，爱上了一位比自己大

11 岁的同性男友，经常给对方送礼物，自觉为对方倾其所有都无怨无悔。原本计划到国外买房与男友结婚，只可惜热恋半年，换来对方一句对不起，对方感觉还少点激情，便绝情转身。当事人半月内陷入痛苦中无法自拔，整日神思恍惚，前来咨询。

主题：因失恋痛苦前来咨询的案例

评估与诊断：

咨询师观察到的情况：来访者身材高挑，衣着时尚整洁，偏成熟。与咨询师沟通过程中逻辑思维条理清晰，价值观与同龄人不同，语言连贯。交流过程中提到对方就会眉飞色舞，表现得很激动。

明确问题设定目标：通过共情建立关系并商定好咨询目标——平复情绪，了解自我，找到应对当下压力的方法。让来访者画了一幅雨中人，测试画者目前压力大小以及应对模式，同时通过画面去评估画者的认知、情绪情感与意志行为，让来访者了解自己的个性，看见当下的情绪状态与压力，找到画中积极点让画者明白失恋的原因。

图画名：雨中人

见图画 4-15

图画 4-15

2. 画面的主要特征及释义：

画面偏大，位置居中偏上，说明画者比较自我外向；短线条居多，说明当下焦虑不安；张开双臂的火柴人，面部与四肢反复涂抹，表示在意别人对自己的看法，注重细节与外在形象；右边一棵树树干笔直，开放状树冠呈竖椭圆形，说明有上进心，人际开放度较高，但也有固执倔强的一面，目前个人能量较低；尖尖的树枝，具有一定的攻击性；高高的地平线，强调稳定与安全感；画面中有云朵与较大的雨点，代表目前压力大，烦恼多；没有任何防护措施，失恋的痛苦让当事人完全否定自己，并伴随着很强的无力感，任由自己陷入痛苦中。

画面显示：画者是个注重细节、思维清晰、追求完美、渴望关注、稳定性不强、防御敏感、固执、缺乏安全感的人。

评估画者问题：画者压力与画面呈现的相符，属于深层次的问题。

寻找画者资源：画面较大偏上，有一定的想法，右侧竖椭圆形的树冠呈开放状，有积极向上的一面，勇于面对问题，人际接纳度较好。

咨询过程：

咨询师通过就画论画与画者探讨问题产生原因。

第一次咨询

咨询师：雨点的大小代表目前面临的压力大小，画面中人物可以添加防护用品。

画者：自己站在雨里，任由雨水冲刷，希望能让自己好受一点。

咨询师：画面中尖尖的树枝与笔直的树干，代表在人际交往中太过直接，有时可能会伤害到别人。

画者：是的，男朋友曾经说我太过自我，总是不考虑他的感受，以前不自知，总以为两个人在一起就可以无话不说，你我不分，看来自己还是得好好反思。

第二次咨询

画者自述还是忘不了男朋友，只是没有当初那么痛苦了，时不时还会想起两人在一起的甜蜜时光。于是此次让画者画出思念的人，用于对未完成事件的处理。

图二：绘画思念的人

见图画 4 - 16

图画 4 - 16

3. 画面的主要特征及释义：

画面大小合适，人物居中偏上，说明画者以自我为中心，注重精神追求；反复勾勒的线条说明注重外表，追求完美；人物头发凌乱朝上，体现性格急躁，思绪混乱；浓眉大眼是注重外表；长长的鼻子说明注重理论但缺乏执行力；络腮胡子，宽宽的肩膀，方正的躯体，考虑画者性格固执，不易改变；四肢粗壮，腿部涂黑是注重稳定；鞋子是后来涂黑，说明关注经济渴望稳定；画中人物男性特征比较明显，显现出一种阳刚之气。

让画者与画中人物对话，进入治疗环节，引导画者说出自己的思念或者抱怨，并通过增减技术，让画者对思念中的人物像随意增减。画者说不忍心弄坏思念者的身体，但男朋友最喜欢买鞋子，而且都是奢侈品，经咨询师提出增减技术，就把思念者的鞋子全部涂黑，心中的愤怒发泄出来后，心里爽快多了。咨询师以这种直面问题的方法，帮助画者发泄出心中的怨恨，缓解思念的痛苦，找到画中积极正向点，转移来访者的压力。

咨询目标达成，缓解痛苦效果明显。

案例总结：该案例画者属于主动来访，整个咨询过程为：建立关系，明确问题，画出问题，让画者描述画面，就画论画地提问，让画者说出感受，明确个性中还需完善的地方，最后与思念者对话，宣泄自己的不满与愿望。绘画增减技术实现潜意识目标，达到转移痛苦的目的。

案例四：重组婚姻绘画案例

1. **画者信息：** 32 岁，男，已婚。画者与现任妻子是二婚，在第一段婚姻期间与对方在一起，被前任发现，遂离婚，与现任妻子结婚，目前出了很多矛盾，沟通不畅，觉得现任不如前任好。

见图画 4 - 17

图画 4 - 17

2. 画面的主要特征及释义：

这幅画的整体画面大小合适，看得出画者自我认识比较好，有一定的自信心；房子的屋顶画成格子状，说明画者内心存有激烈的矛盾冲突，或者是对家庭有某种期待；房子画的是双扇门，表示画者渴望从伴侣那里得到温暖；门上画有锁，证明画者是一个防御心理较强的人，而且缺乏安全感；房前的花朵，体现画者此时的家庭中存在着一种不安感，他想维持安全感，渴望被关爱和支持；一条小路画向左边，能看出画者是个比较念旧情的人，在人际关系方面比较局限于过去，对未来的期待不足；画在右侧的树，表达了画者在成长过程中缺乏母

爱，受父亲的影响比较大；树干细而树冠大且成横椭圆形，可以看出画者在日常生活中对自己要求较高，期待较多，可能得到的支持比较少，存在着一种无力感和压力；树根与树冠交接处是封闭状态，说明画者不太容易接受或表达自身的情绪；果实大而多，说明画者是个有比较多想法和目标的人，甚至有信心实现自己的目标；画在中间的太阳也告诉着我们，画者希望靠自身的努力来实现自我。

3. **画面评估与咨询建议**：

人格特征：性格守旧、规范，性格犹豫。

心理状态：内心有不安全感，情绪压抑，存在着很多压力。

咨询建议：有信心，有想法，有目标是好事，但是不能盲目，要明确什么是最重要的，不局限于过去，活在当下。

案例五：大龄差婚姻绘画案例

1. **画者信息**：画者男，1956 年出生，老婆 1980 年生，男方觉得两人刚开始结婚时感情还好，最近两年关系冷淡，想离婚内心又有冲突，毕竟两人孩子还小。

见图画 4－18

图画 4－18

2．**画面的主要特征及释义：**

（1）整体画面无远近感——对周围环境的感知能力较差。

（2）颤抖状线条——精神紧张焦虑。

（3）屋顶相对较小——思维局限。

（4）栏杆样窗户——家庭感受不良，缺乏安全感。

（5）人物头部偏大——比较好空想。

（6）人物头发稀疏——精力不是很好，体力不足。

（7）没画眉毛——可能内心比较孤单。

（8）没有眼珠——可能自我封闭。

（9）3字形耳朵——有选择性倾听。

（10）线条混乱的树——思绪混乱，缺乏稳定性，缺乏目标和方向。

3．**画面评估与咨询建议：**

画者目前是比较紧张和焦虑的，待人处事不够圆滑，缺乏安全感，有自我封闭的倾向。比较好空想，但精力不足。建议放下防御，用实际行动与对方沟通，倾听对方的意见，夫妻关系才会越来越融洽。

第五章　绘画在婚姻匹配中的运用

　　婚姻是爱的事业，大多数人认为只要两情相悦，幸福美满的婚姻就唾手可得，但是在进入婚姻后才知道相爱容易相处难。婚前很多人对婚姻抱着过高的期待，没有达到理想就会失望，致使很多人认为婚姻是爱情的坟墓。婚姻是两个人走出原来的家庭，再组成一个全新的家庭，其间会遇到很多问题，这时，两个人的共同调试和维护就显得非常重要。如果要走进婚姻，婚前的评估也是特别必要的。我们可以通过绘画测试，了解情侣的个性、沟通模式、交往现状等，并进行深入细致的了解和评估，鼓励两个人面对真实的自我，完成彼此间在思想、责任分配、日常生活作息、性生活以及休闲安排等主要方面的调试，从而帮助婚姻双方为未来的幸福生活打好基础。两性关系是人际关系中最亲密的。很多人都是先做了丈夫或者妻子，然后才开始学习如何成为好丈夫和好妻子，如果能在婚前把基础的评估工作做好，彼此达成共识，相信婚后的生活会更美好。

　　婚前评估目标：第一，婚前评估，让即将步入婚姻的男女明白婚姻的目标；第二，双方进一步彼此了解，包括对方的兴

趣爱好、人格特征，以便更好地去接纳和包容。认识婚姻中可能遇到的困难，从而顺利地适应婚姻关系；第三，让年轻的男女有更多的机会获得比较高的婚姻满足感；第四，使年轻的夫妻以后有更多的可能成为成功的父母；第五，婚姻双方今后在生活中有更多的能量来面对和解，在面临困扰时能及早寻求婚姻家庭咨询师的帮助。

第一节　爱情的发展规律

根据心理学和社会学的相关研究，爱情的发展往往经过几个具体的阶段，即晕轮期、认知与磨合期、理性与平淡期。每个阶段各具特点，每个阶段也有其独特的优势。对于不同的人来说，每个阶段持续时间的长短、典型特征的明显程度等，都可能存在较大的差异。

一、晕轮期

这个词汇源于心理学研究，表明对象身上的某种闪光之处异常灿烂，就像日月的光辉在云雾的作用下扩大到四周，形成一种光环，让人产生错觉，把对方的整体形象美化，也就是产生了一种光环效应。这时候对方的缺点在自己眼里也可能是优点，也就是人们常说的情人眼里出西施。这种情况在刚刚接触或者交往初期的情侣中较为常见。

二、认知与磨合期

随着了解的深入，恋爱双方的热情会有所下降，并会发现对方身上的缺点越来越多，而且有些是自己无法忍受的，就是原来觉得好的地方也会变得不好，有些人甚至后悔当初的选择。这个阶段往往会伴随较多的争吵，情绪忽高忽低，起伏较大，甚至一方或双方会想到分手或提出分手。这是一个比较艰难、需要双方坚持和努力的阶段，也是恋爱进程中的大考验，成功度过这个时期意义重大。

三、理性与平淡期

恋爱进入到这个阶段，双方经过了磨合，彼此相知，也有了一定的默契，情侣之间的感情也逐渐成熟和稳定，初期的那些过于理想化、不理性的想法及期望已被平和与温情所替代，可谓铅华洗净，平淡从容。

第二节　问卷式爱情心理测试

一、成人依恋型的测量

美国心理学家巴塞洛缪认为，依恋风格可以从两个维度加以区分，认为人们对自己和他人的总体评价可以是相对积极

的，也可以是相对消极的，这两个方面的结合可以形成 4 种依恋型：安全型的人对人对己都抱有积极的看法，他们会快乐地寻求与他人的恋爱关系；恐惧型的人对人对己都抱有消极的看法，他们会对恋爱关系产生最坏的预期；多虑型的人喜欢别人，却对自己充满怀疑，因而会过多地依赖别人；超脱型的人喜欢自己，却不太会尊重其他人。同时测量也可以从"对遭到抛弃的担忧"的高低和"对亲近的自在程度"的高低两方面的结合，测出四种类型的依恋风格。

二、爱情类型的测试

美国心理学家亨德里克根据约翰·艾伦·李对爱情的 6 种分类，编制了包含 42 个项目的爱情类型测试量表，又名爱情态度量表，以此测量人们对这六种类型的认可程度。因素分析的结果显示，该量表明显呈现出六种类型的结构，并且各种类型之间的相关程度很低。在此基础上进一步探讨了各种爱情类型的性别、种族、恋爱经历、是否正处于恋爱中及自尊之间的关系。

研究发现，在游戏式的爱情维度上，男性得分比女性高，而女性在现实式爱情和伴侣式爱情维度上得分较高。其他研究人员则发现：对爱持有相似态度的人更容易结为一对。

三、爱情三元理论测量

美国心理学家斯滕伯格把爱情分为亲密、激情、承诺三个成分，但现实生活中，人们对爱的体验并非如此泾渭分明，而且爱情的三个成分随时间的推移还会发生变化，一段特定的恋爱关系可以经历不同类型的爱情。

在爱的三元素中，承诺较为稳定，而激情最容易产生变化。这三个成分之间的关联是：能够分享亲密的人更容易感觉持久的激情。

四、绘画心理测试

在绘画心理测验中，绘画特征所代表的心理含义及人格特征，一直是房树人绘画测验研究的重要内容，对绘画测验内容的基本认知，包括认为房屋表示被试者所出生成长的家庭环境或自己对家庭及家庭成员的情感态度；树的图画可以反映被测试者无意识中感到的自我形象；人物则反映被试者的自我形象以及与人相处时的情形。

绘画心理测验通常从画面的大小、位置、线条特点、绘画顺序、作画时间、涂擦痕迹，以及树木的品种、人物的画法、房屋的特点等方面，展示画者的人格特征以及婚恋观。

第三节　绘画在婚姻匹配中的应用
——从绘画看婚姻匹配度

　　从心理学研究来看，夫妻共同生活是有一定节奏的，每隔2~5年便开始一个新的阶段，也就是婚姻的变质阶段。你可能会经历婚姻的春天，夫妻双方尽可能经常待在一起，关心满足对方的期望；你可能会体验婚姻的夏天，夫妻双方非常满意和谐，都主动承担更多的责任；你甚至可能会遭遇婚姻的冬天，夫妻双方处于生活的死胡同，彼此争吵，感到失望，变得冷漠；但你也有可能会达到婚姻的秋天，夫妻双方无限信任，这是一年四季中色彩最丰富、最光彩夺目的时期，也是夫妻关系的顶峰时期。

　　案例一：

　　1. 画者信息：39岁，女，自由职业。经人介绍认识一位42岁男性，觉得其他外在条件还合适，不知双方性格是否匹配，于是各自画了自画像想了解对方潜在的人格特质，看看是否匹配。

　　见图画5-1

图画 5 - 1

2. 画面的主要特征及释义：

（1）画面大小合适，位置居中——自我认知较好。

（2）长线条为主——自我控制性强，行动得体。

（3）朝向左面的侧身人——留恋过去，比较感性，保持神秘感。

（4）五官清晰——自我认识较好，爱美，注重自我形象。

（5）左面的肩膀较宽——有来自过去的压力。

（6）只画了上半身——行动力稍显不足。

（7）画中文字标注——强调当下情绪，渴望关注理解，内

心有不安全感。

3. **整体解读：**

画者个性柔美内向，爱美，关注自己的形象，有一定防御心理，容易受过去的情绪影响；内心保守且有时敏感，渴望被关注，对他人要求高，注重精神层面的满足；行动力稍显不足；目前情绪比较低落，退缩，对未来有一定的逃避，沉浸在自己的世界里，常常以过去的经验来处理事情。

案例图二：

1. **画者信息：** 42 岁，男性，个体经营者。

见图画 5 - 2

图画 5 - 2

2. **画面的主要特征及释义：**

(1) 画面整体大小适中，位置居中偏上——注重精神层面的满足，以自我为中心。

(2) 长线条居多，反复涂抹——掌控欲较强，不够自信。

(3) 头部较大——自我评价高，易沉溺于空想。

(4) 波浪线状头发——内心有点焦躁烦恼。

(5) 笑成一条缝的眼睛——比较关注自己的内心。

(6) 大大的鼻子——比较有主见，有领导力。

(7) 大大的嘴巴——性格外向开朗，能说会道。

(8) 脖子较粗——有冲动的情绪，脾气较大，性格较强势。

(9) 肩膀不够宽——无力承受压力，有退缩和逃避，不想担当责任。

(10) 方正的躯体纽扣整齐摆在中间——性格固执倔强，以自我为中心。

(11) 画中文字标注——强调当下情绪，渴望关注、理解，内心不自信。

3. **整体解读：**

画者能说会道，善于表达；性格开朗外向，注重精神满足；同时也固执倔强，有较强的控制欲；行动上心有余而力不足；有时凭直觉做事，容易冲动，不愿承担家庭责任，喜欢听对自己有利的建议。

该案例评估的价值与意义在于，提前了解对方的个性特征，可以在今后的婚姻中有意识地接纳与改变，让双方更好地了解彼此。

人物画解析要点：解析人物画的画面整体。重点是画面的

大小、线条的轻重、人物各部分的比例。

人画得比较大，说明这个人比较自信，自我评价比较高；画得小，则代表自我评价低，内向，情绪低落。

人物线条画得比较重，比较清晰，说明他对自己比较了解，有较好的自我认知；画得比较淡，比较模糊，说明他对自己不是很了解，缺乏自我认识。

人物的比例，我们主要看头和身体的比例，如果头大身体小，说明这个人想得多做得少；头小身体大，说明这个人可能比较幼稚，不成熟。头和身体的比例适中，说明这个人有较好的自我认知。

头部代表一个人的思维想法，是智力之源。头大说明想得多，想象力丰富，自我评价高，而且特别喜欢管别人。头小则刚好相反。

五官，是人和外界接触的部位，象征了一个人接收外界信息，和外界沟通互动的状态。五官画得清晰，说明这个人比较外向，并且愿意和外界沟通互动，画得模糊或者漏掉五官，说明内向和沉浸在自己的世界中。

眼睛是用来看的，耳朵是用来听的，嘴巴是用来说的，这个很好理解。眼大，喜欢看，说明喜欢观察和接触；耳朵小，不善于倾听；嘴大，喜欢说，话痨那种。

肩膀是用来承受压力和重力的部位，与内心分享受到的压力大小有关，也象征一个人是否有责任心，有担当力。肩膀画得越宽越大，说明压力越大，责任心越强。

躯体是身体的中间部分，与人的需求和欲求有关，是表达情绪的重要器官，也可以看出一个人的防御状况。

手臂和个体能力相关，直接影响着个体行动力的大小。手臂画得长、清晰，说明行动力强。腿和脚是人用来支撑和站立的，它最基本的含义就是表示踏实和稳定。

另外还要指出的是人物的服饰，服饰常常能映出一个人的个性、身份和地位。

第三步就是画面整体分析统合。从上述分析中，综合归纳解析，思考画者强调也就是加重笔画以及画面中特殊的部分，探究各解析中相互关联的部分，舍弃不确定的解析，最后要超越简单的局部分析相加，综合出具有鲜活人物形象的整体分析。

这就是人物像的分析法则，助你提前了解评估与对方的匹配度。

案例二：互敬互爱

1. *画者信息：31 岁，女。*

见图画 5 - 3

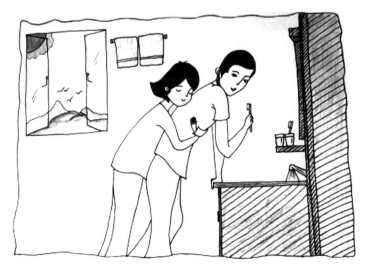

图画 5 - 3

画者自述：这个场景让我内心充满喜悦。美好的一天从温馨的早晨开始，丈夫准备刷牙，我从背后拥抱他，他转过头疼爱地看着我。我闭上眼睛，享受我们之间流动的温情。

2. 画面解读：

这幅画中两个人的大小基本一致，均位于画面正中，说明画者两夫妻基本平等尊重。画面中的毛巾、口杯、牙刷以及男女的着装都是一粉一蓝，成双成对地出现，强烈显示出夫妻俩互相陪伴、彼此关注的情感状态。这幅画最吸引人的地方就是紧紧拥抱，温情互动的小夫妻。妻子的脸贴着丈夫的腰，两个人的身体零距离接触，表情甜蜜，双方的情感接纳度非常高，画面显示出极高的亲密指数。窗外，一轮红日刚刚升起，远处群山起伏，还有飞翔的小鸟，一幅充满生机的晨间美景，也象征着夫妻感情的焕然生机。

案例三：绘画看房事态度

1. 画者信息：陈某，男，29岁，结婚两年，老婆抱怨画者对自己冷暴力，夫妻关系紧张。

见图画 5 - 4

图画 5 - 4

2．画面的主要特征及释义：

（1）整体画面居中，但有些与现实不符——比较好空想，存在迷茫。

（2）房子相对比较小——环境适应不良、活动少、有退行倾向，对家庭的信心不足。

（3）两个连着的房子——可能是重组家庭。

（4）小门，一边没画窗户——人际关系中存在退缩，不愿与人沟通和交流，内心不愿被人了解。

（5）圆筒状烟囱——可能关注性方面的能力。

（6）楼梯——对人际交往设限，以自己的方式与外界沟通。

（7）人物占比大——对自己过分自信，对外界感知无力，略躁动不安。

（8）侧面身穿盔甲的武士——对外界有防御，沉浸于自我想象，同时具有攻击性。

（9）下身腿部涂有阴影——行动力不足，有性方面的焦虑，内心缺乏安全感。

（10）偏长树干，节外生枝，怪异的树冠——幼儿性，退行倾向，生活动力不足。

3．整体分析：

画者自我束缚，比较幼稚，沉浸在自己的想象里，不愿与人沟通，也不愿被人了解；可能是性方面的焦虑影响了夫妻生活，使画者信心不足，没有了生活动力，目前的情绪和行为都有退行性表现。因为一个人的性格和行为会直接影响夫妻关系，只有放下防御直面问题，找到问题的根源，才会很好地改善夫妻关系，只有身心和谐才是真正的和谐。

案例四：绘画看亲子教育观

1. **画者信息：男，7 岁。**

见图画 5 −5(彩图见附图 5)

图画 5 −5

爸爸眼中的孩子

见图画 5 −6

图画 5 −6

家长自述：给孩子讲作业时，他不注意听，手里不是摆弄铅笔，就是玩橡皮，老师讲课也是如此。一写作业就不会，怎么办？

2. 第一幅画解读：

孩子画了房树人，7 岁孩子的绘画正处于图式期，特点是：孩子的绘画作品中会用几何线条的图式表明视觉对象，画面中会有明确的空间秩序。在孩子的这幅画中，房树人几乎在一条线上，房子前面画了两个栅栏，从构图来看，孩子的空间感并不是太好；房子的屋顶没有画完整，孩子也没有管，反而在画面下边写了一行字"我是一年的小学生爱写作业"，作业的"作"字写错了，孩子画掉，改了过来，这个细节会让人觉得：这个孩子常常会忽略掉一些重要的事情，在意一些不太重要的事情。

两个人物中一个是妈妈，一个是自己。7 岁的儿童，在儿童绘画发展中正处于人像画阶段。人物的头部与身体的比例会比较协调，在人物像中会包括头部、鼻子、眼睛和一些头发，开始注重一些细节的描绘。可是这个孩子在画两个人物时，头部、身体只用了两个圆形来表示，单线条的四肢，人物还没有画耳朵，反映出这个 7 岁男孩和同龄人相比，认知方面（理解力方面）会比较弱。在孩子的人物像中没有画脖子，头部与身体直接相连，反映出这个孩子的想法有时会立马转换为行动，不太会表达自己的情绪。两个人物中妈妈画得很大，说明在孩子心中，妈妈的位置是很重要的。

房子在绘画心理的解读中，一是代表人与家的关系，二是象征了一个人的心房，反映出人与外界的关系，房子有窗无门，房前还有栅栏，都反映出这个孩子性格比较内敛，有一定

的防御。

总体来说，这个孩子的理解能力和表达能力相比同龄的孩子要弱些。人物没有画耳朵，说明孩子不善于倾听家长、老师的讲话，这也就造成孩子上课有分心、作业不会的情况。

3. 第二幅画解读：

爸爸画的是：我眼中的儿子(见图画5-6)

虽然画的是别人，但也有自己的投射。画中人物的年龄比7岁儿子要大一些，说明在爸爸心里，希望儿子可以比同龄人更成熟一些，因此对儿子的要求也就更高些。

整幅画的线条比较轻，画面整体又显得比较大，说明爸爸眼中的儿子是自信的，包括人物的剪刀手动作。相反，妈妈的内心会有些焦虑和不确信。整幅画中人物涂黑的牙齿、短粗的脖子也反映出爸爸脾气比较大，在教育孩子的时候会比较急躁，有时也会动手。

针对家长反映的情况，孩子的理解能力较弱，当爸爸给孩子辅导功课时，孩子会因听不懂而分心，爸爸会因孩子听不懂分心而更加生气、急躁，除了语言上的批评，有的时候也会动手。长此下去，孩子没有改变，爸爸越发焦虑。

那么孩子的注意力究竟如何呢？树对于学生来说，也代表学业。

画面中的树干，颜色均匀地涂画着，说明孩子是有目标的。除此以外，房子、人画得比较随意，这也说明了孩子的注意力集中的时间比较短，那么接下来的重点就是训练孩子注意力的稳定性(注意力稳定地保持长时间的特性)。

案例五：绘画看亲子教育观

1. *画者信息：男，初二学生。*

见图画 5 - 7

图画 5 -7

案例中的妈妈对于孩子的教育非常头疼，妈妈认为孩子有诸多问题，比如和同学不合群，学习动力不足，成绩不理想等，妈妈非常困惑，前来求助。

2. *画面解读及咨询过程：*

门前长长的石子路，树下方被围栏围住，可以看出孩子性格内敛，内心敏感，有防御，情绪不外露，追求完美，成长中受妈妈的影响比较大。结合妈妈的困惑，孩子与同学的不合群是和孩子的个性相关的。

整个画面偏左，右边大片空白，树被围栏围住，说明孩子在成长的过程中，母亲付出了很多，也束缚了很多。跟妈妈沟通其教育方式，妈妈自述：因为孩子性格内敛，一方面担心他

很多事情做不好，另一方面在与孩子的沟通中，如果没有得到自己想要的答案，就会焦虑，急躁。所以常常会越俎代庖，替儿子做很多事情。

如此性格的孩子，应该如何与其沟通交流？首先，家长要有足够的耐心，注意说话的方式和内容，不要让孩子敏感的内心受到伤害；其次，放手让孩子去做一些选择，多给他一些自由的空间；第三，在做事情的过程中，给予孩子针对性的鼓励，肯定他点点滴滴的进步。

对整幅画进行解读后，妈妈也从焦虑无助中抽离出来，慢慢打开心结。看到即是改变，相信这位妈妈一定会有所提升和变化，祝福这位妈妈。

第四节　绘画在婚前匹配中的应用

案例一：绘画看人格特征

1. **画者信息：35 岁，男，离异。**

见图画 5 - 8

图画 5 - 8

2. 背景资料：

32 岁的离异女教师，经人介绍认识画者——35 岁的离异警察。第一次见面，警察就对她说："我和前妻有一个男孩，我们家一次性给了她 20 万，我们结婚以后，可以生一个自己的孩子，家里还重新准备了新房，如果我们结婚了，我再给你买一辆车。"听完警察的自我介绍和对未来的许诺后，女老师有些动心了。32 岁的她，离异多年，一直没有遇到合适的对象，倍感压力。警察的一番话，瞬间让她觉得自己找对人了。

第一次见面后，他们几乎每天都会见面，有时候他值班，女教师也会专门去陪他，两人感情逐渐升温。有一天，女教师因为工作忙，便和警察说："临近六一，学校事情太多，我们可能没法天天见面。等我忙完这段时间，我们再好好谈。"没有想到，女教师话音刚落，警察就挂了电话。接下来，无论女教师再怎么打他的电话，他都不接了，甚至把女教师拉黑了。女教师觉得很委屈，就拿着以前让警察画的房树人，让我们来帮她分析，为什么他们的关系会走到这一步？

3. 画面解析和咨询过程：

首先，一个 35 岁的男性，画出这样的房树人，会显得比较幼稚和自我，想法有时就会比较偏激。女方因为工作忙，暂时不能及时联系，他的解读就是不愿意和他在一起了。这种认知上的偏差，如果进入到生活中，常常也会产生各种矛盾，也就是我们常说的三观不和。其次，他想把房树人画在一条线上，可是除了人物的一只脚在线上，其他的元素都是悬空的。在绘画心理学的解读中，基线是强调稳定感，为什么画中会强调，也许在现实中他的整个人、家庭、事业都是不够踏实稳定的。

当听完解读以后,这个女教师立马就说:"他是公务员,怎么可能不稳定了?"我说:"这不稳定,并不是说他朝不保夕。你看树画得如此之小,对于一个成年人来说,这么小的一个树冠也是思维比较局限的意思,说明他在事业的发展上很受限制。"听到这里,女教师表示非常认可,她说:"确实是这样,他自身学历不高,靠父亲的关系进入这个系统,很多工作他都没法完成,他最大的梦想就是给派出所看门。"

一个35岁的年轻人,事业发展受到限制,个性也比较幼稚,不善倾听,情绪变化比较大,和这样性格的人相处,就有一种一会儿晴天,一会儿雨天的感觉,让人捉摸不透。通过解析,两人是否合适就比较明显了,当然,最关键的还是要明确自己的需求和择偶标准。

案例二:从绘画看沟通模式

1. **画者信息:画者,男,46岁,个体户,和妻子一起做生意,与家人关系紧张,经常吵架。**

见图画5-9

图画5-9

画者主诉：夫妻关系和亲子关系时好时差，很苦恼。

画面描述：房子里是女儿，外面的两个人，左边是自己，右边是妻子。

2. **画面梳理：**

(1)这是一幅家庭互动图，画者把房子放在画纸中间，说明家对于画者是很重要的。(2)单面房，三角形的屋顶，房子左右的墙壁都是双线，房子下面画了基地线，反映出画者对于家的稳定性是很在意的，在现实生活里，可能家的稳定性是不够的，这也和画者的描述形成了对应。(3)树的上部被切断，结合右侧的树，开放型的树冠里全是单线条的树枝，说明画者对未来的事业充满了希望，比较自信，同时，脾气也比较大。(4)三个人物中女儿被涂抹得最多，画在房子里，似乎是透明的画法，凸显了画者对女儿当下的状态比较焦虑。画面中透视了什么，实际上就表明画者希望别人可以看到什么。画者与妻子两个人都是围绕这棵树而站，说明两人有距离，双方似乎都比较关注自己的事业。

3. **咨询思路：**

(1)首先要和画者共情：你刚刚说和家里人关系紧张，画中也有体现；女儿的线条涂抹得最多，你和女儿的距离也最近，说明在和女儿沟通方面，你也是想了很多办法，做出了很多努力。

(2)不仅要让画者看到夫妻二人在事业方面都非常努力，也要让他看到妻子和女儿的距离，同时，要让他感受到女儿作为高一的女生，是需要跟母亲多一些交流的。画者在跟妻子沟通女儿问题的时候，夫妻关系也许会跟着慢慢改善。

(3)画者的困惑是隔十多天，就会吵架。通过画面，一边让他看到自己的性格中的倔强固执和大脾气，还希望别人都听

他的。一边也让他看到妻子也是和他差不多的状态，这样两个强势的人在一起，吵架也是常情。

4. **分析总结：**

通过绘画，画者强势，爱操心，想得多，做不到就会焦虑的性格和情绪情感状态一目了然。在面对一些问题时，画者的规划性还是不够，想到哪做到哪；情绪也不稳定，在家里也是像在单位一样，喜欢发号施令，孩子跟他产生冲突应该也是觉得他总是限制自己，不尊重自己的想法。但画者在朋友面前还是比较直爽、仗义的。这样性格的画者与家人关系不好，也是可以理解的，我们没办法去改变画者的性格，但我们可以让他看到家庭关系问题背后的原因，让画者自己觉悟。

案例三：绘画看人际关系

1. **画者信息：男，53岁，老师。**

见图画 5 - 10

图画 5 - 10

画者主述：想要了解自己的人际关系。

2. **咨询思路：**

以画为媒介，通过画者的性格、情绪、人际等，联想到画者的工作和生活，绘制出画者的立体人物形象。

3. **画面解读:**

结合画面特点,在个性方面,画者比较善于掩饰,不太会表露真实的自己,也有些孤傲,对于一些规则不会很遵从;在人际交往方面:画者看似很开放,很想和他人沟通交流,实际上会掩饰自己的想法,不太愿意和别人走得太近,从窗户连接墙壁看,也许是因为画者本身的依赖性与不安全感。在家庭中,对夫妻关系要求比较高,如果夫妻生活得不到满足,就可能到外边寻求。

画者表面上桀骜不驯,实际是内心比较自卑,缺乏安全感。越是如此,就越要通过挑事来表现自己,这是一个矛盾点,也说明画者表里不一,有防御。同时,画者还比较大男子主义,爱讲兄弟义气,夫妻关系有些紧张,缺乏支持力,不善听从他人意见。

案例四:从绘画看情感需求

1. **画者信息:32 岁,女,因婚姻问题而困扰。**

见图画 5 – 11

图画 5 –11

画面内容：画面中表现的是对未来生活的向往，画面中有房子和人，画者对未来的家和一家三口的生活是非常向往的。

2. **画面的主要特征及释义：**

整体画面大，但画面中的元素相对较小，以短线条为主——反映出画者当下的情绪并不好，有些急躁，矛盾。

单面房，屋顶与墙壁连接并不紧密——性格直爽，家的稳定感不够，内心不稳定。

房屋有门无窗——在人际沟通方面，内心是不愿意敞开的。

距离房子越远，门前的石子路越乱，石子也越多——在人际交往中比较慢热，得按照她的想法。刚开始并不是很好相处，需要一定的时间，才可以交心。

三个人物，中间是自己，左边是未来的老公，右边是未来的孩子——自己比较大，希望在未来的家庭中，自己是有话语权的；把自己放在老公与孩子中间，希望在家庭中以自己为中心。

未来老公的左腿反复涂抹、人物没有耳朵、三角形的身体——画者对于未来老公的稳定性有一定的焦虑，不善于倾听，很有个性。

三个人物与房子在一条线上——画者特别强调稳定感，但当下的稳定感是不够的，也有对未来生活的不确定。

三朵花，中间一朵花还画得特别大，还有三个人，很多三三排列的石子——画者对未来三口之家的向往。

中间的太阳比较小——希望可以靠自身努力实现自我，可是自己的努力程度不够，想得多，做得少。结合比较大的头部和单线条的手臂，考虑画者的行动力是不够的。

方形的云朵及云朵中的笑脸——性格直爽，有一定的童心，非常有个性，做事会按照自己的想法，有时不太会考虑别人。

3. **解读思路：**

当我们看到一幅画时，以问题为导向去解读一幅绘画，思路为：问题——产生的根源——方法，进行反推。

(1)这幅画的画面大——画者强调自我存在感，这样会沉浸在自己的世界，看问题时只看一面，很难换位思考。

(2)门前长长的路，石子也比较凌乱——反映出画者的犹豫，与人交往中希望按照自己的方式，可是房子又没有画窗，画者有要求又不说，别人还不知道她在想什么，这样的人会陷入自己的世界，无法敞开。她找的都是自己理想中的人，她的不敞开会让她得不到客观的信息，很多东西是自己想象的。

(3)画者在选择对象中经常会因为一件事就否定对方。

(4)在看到一幅画时，要从看到的点去联系画者的生活，更深入地挖掘，把这些点串在一起，仿佛画者就在眼前。

分析总结：从这幅画中，我们可以看到画者的情感需求，她理想的另一半是注重细节，无限包容，以她为中心，可以猜中她内心想法的。因为她的情感需求较多，如果对方有一点没有达到她的要求，她就会迟疑，这也是她情感困惑的原因之一。

世上没有完美的伴侣。宫崎骏在《哈尔的移动城堡》中说："爱，不是寻找一个完美的人，而是要学会用完美的眼光，欣赏那个并不完美的人。"当一个人对另一个人的要求无比苛刻时，往往源于内心对"完美"的渴望和对"缺憾"的恐惧。这种渴望和恐惧使我们不断苛求自己，也不断挑剔身边的人。伴侣

真实的自我，很容易威胁到我们对理想伴侣的标准，忽视伴侣的个性就成为一种普遍的防御方式，而这很容易伤害到彼此的关系。

接纳别人的伤痛、弱小和不完美，这才是爱。如果你不能接受别人原本的样子，或不让他们自由地走自己的路，那么你就不是真的在爱他，你只是想从他身上得到满足。与他们建立亲密关系的目的并不是为了爱，而是为了满足自我的需求。

我们通过绘画分析去了解另一半，降低我们不切实际的预期，提前认识，提前接纳，就可以让婚姻进入和谐的轨道，让婚姻生活健康发展并得以延续。

第六章　图典篇　绘画读心指导

绘画作为一种较为理想的投射工具，可以揭示一个人的各个方面。在进行图画解析过程中，通常按照先整体再局部的步骤进行。首先从整体上对画作进行观察，然后再配合所绘具体内容，可以更加深入地了解画者的心理世界。在绘画作品中，通常出现频率最高的为人物、树木、房子、动植物等，本附录将列举一些常见的绘画特殊释义，以供读者学习参考，如需详细了解全面的绘画特征释义，可参考笔者所参编的《绘画分析与心理治疗手册(全国通用版)》一书。

第一节　画面整体释义

在一幅画作中，几乎每一处都可能会涉及绘画者的个性特征。我们看图时，第一眼应注意画面的整体特征，然后再进行详细的画面解读。

一、画面整体

(一)画面过大

(1)以自我为中心。

(2)可能是一种攻击性倾向。

(3)过分自信倾向。

(4)对周围环境感知无力,但内心充满紧张、躁动倾向。

(5)强调自我存在、活动过度。

(6)可能有幻想或者好幻想、敌意。

(二)画面过小

(1)内向、自卑、焦虑不安。

(2)环境适应不良,活动少,有退行倾向。

(3)可能有情绪低落的倾向。

(4)可能缺乏安全感,可能自我防御。

(5)可能是一种良好的自我控制。

(6)自尊心弱、自我无力感、害羞、有些精神动力不足。

(三)画面的位置

画面的上中下领域象征含义,如图6-1。

A4纸张

精神领域与想象空间

心
知性
想象力
自我开放
思想与精神
认知

情绪领域与现实空间

原始的反应
否定的态度
被隐藏的情感
被意识到的反应
现实的理解和态度
情绪与感觉的经验

本能领域与过去空间

性本能
个体无意识
集体无意识
被压抑的经验
幼年期的附带条件
存于无意识的过去经历

图 6-1

画面的左右领域象征含义，如图6－2。

A4纸张	
左边	右边
母性原理 （与母性相关）	**父性原理** （与父性相关）
过去 （时间概念）	**将来** （时间概念）
女性相关 （被动的 感性的 被动的 受容的）	**男性相关** （积极的 理性的 主动的 统治的）

图6－2

格鲁尔德(Grunwald)空间图示，如图6－3。

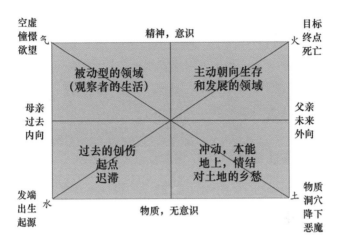

图6－3

（四）画面过分分离

（1）逃避过去，回避现实，向往未来。

（2）可能存在过度批判，焦虑不安，自卑感。

（五）自上而下观（俯视图）

（1）积极参加的态度，优越感，无束缚。

（2）可能比较孤傲。

（六）自下往上观（仰视图）

（1）与环境难接近，被家庭排斥。

（2）自卑、内向、不好交际。

（七）反复涂擦

（1）可能有犹豫不决、优柔寡断的个性。

（2）要求过高，可能有追求完美的个性。

（3）情绪可能有点焦虑，内心存在不安的感觉。

（4）想要掩饰真实的自我。

二、画面线条

（一）长线条

自我控制性强，对行动控制得体。

（二）短线条

（1）易冲动，兴奋。

（2）待人处事缺乏条理性，具有随意性的表达自我的特性。

（三）直线条

（1）有关男性化，自信，攻击性，固执，待人处事可塑性差。

（2）办事按既定目标奋斗，情绪安定，不轻易改变自己的想法和意见，对挫折具有忍耐性。

（四）圆滑线条

（1）具有依赖性，男性存在对女性的依赖。

（2）有关女性化，情绪化。

（3）心境平和，不受束缚。

（4）健康，适应性比较好。

（5）富有同情心。

（6）对生活积极向上，富有活力。

（五）颤抖状线条

（1）精神紧张，一种敌对倾向。

（2）过分担心与焦虑。

（六）不连续线条（虚线）

（1）不安定，无忍耐性，焦虑不安，无自信心。

（2）可能有精神病性倾向。

（七）用笔力度大

（1）可能有攻击性倾向或者脾气暴躁。

（2）自信、行动力积极。

（3）可能代表器质性病变，如脑炎、癫痫等。

（4）精神动力过高，经常自我主张，行为的控制能力比较弱。

（八）笔画力轻

（1）犹豫不决、不自信、自卑、焦虑不安、抑郁，无力感。

（2）可能代表不能很好地适应环境。

（3）心理能量较低或者受到压抑。

（4）可能是神经症的患者和精神分裂症个体。

三、绘画顺序

绘画顺序代表意识里所画事物的重要性。

（一）正常图画顺序

（1）房子：屋顶、墙、门、窗。

（2）树木：树干、树冠、树根。

（3）人物：头、面部、躯体、手足。

（二）顺序混乱说明

（1）可能精神发育迟滞。

（2）可能存在情绪障碍、兴奋、无计划。

（3）与众不同的思维方式，可能为精神分裂症。

（4）可能脑器质性障碍。

（5）无决断力，不安，有关反复涂消的部分，可能提示多存在心理冲突问题。

（6）行为轻率任性，无决断力，或焦虑不安。

（三）最先画出的物体（房树人组合图中）或部位

可能为作者最关注的方面。

（四）先画树冠，后画其他部分

内心可能存在不安，然而表面上却装作轻松，虚荣心较强。

第二节 人物释义

人物像与自我形象有关，代表意识里的自我。在人的画面中，反映了人物的自我现实状况，包括心理上及躯干上（身体状况）的人。除此之外，还有些人物像表现自己的理想形象；有些表现对绘画者而言具有特殊意义的人物，使绘画者产生强烈的情绪；有些还反映了绘画者对人物的一般认识和概况印象。人物画的解读一般从绘画顺序、形象与角度、姿态角度和大小比例进行。

一、人物整体

（一）过分抽象的人物（火柴人、漫画人、卡通人等）

（1）对外界有警戒心理，想隐藏自己的内在想法。
（2）防御和拒绝态度，有阻抗。
（3）人际交往中存在不安，不愿意表露真实的自我。

(4)可能存在智商低下的困扰。

（二）过度活动的人物

(1)比较好动，可能性格非常活泼外向。
(2)可能有多动症状。
(3)可能存在躁狂倾向。
(4)可能有歇斯底里倾向。

（三）坐着的人物

(1)个体能量低、有无力感。
(2)可能情感耗竭，对情感有需要。
(3)可能遭受了较大的挫折。

（四）倾斜的人物

(1)可能存在心态不平衡。
(2)若人物倾斜过大，可能存在性格变化无常、心态失衡。

（五）背面像人物

(1)存在一种防御心理，不愿意别人了解自己。
(2)不敢面对真实的自我。
(3)可能是想逃避，不愿意面对现实。

二、头面颈部

(一)头部很大

(1)儿童比较正常。

(2)个体浮夸,渴望变得更有智慧。

(3)成人可能智商比较低,不满意自己的体格。

(4)自我评价较高,比较自信。

(5)易沉溺于空想和幻想中。

(6)可能有头痛症状或脑手术后遗症、脑器质损害。

(二)头部很小

(1)自我评价低,自信心不够,比较自卑。

(2)也许经常以理智来控制自己的内在冲动。

(3)在智力等方面的缺乏和无力感。

(三)背面头像

(1)可能表现神秘感。

(2)可能是一种防御。

(3)有不愿意面对现实的倾向。

(4)对人或事物拒绝,比较自我,有逆反心理,行为和想法与众不同。

（四）侧面头像

（1）可能与逃避有关。

（2）希望保持神秘感。

（五）十分仔细描绘头发

（1）个体十分自我陶醉。

（2）做事细致，比较追求完美。

（3）可能有比较多的烦恼。

（六）只画了头发的轮廓

（1）做事比较追求效率。

（2）不会自寻烦恼。

（七）稀疏的头发

（1）精力不是很好，体力不足。

（2）可能有某些身体方面的疾病困扰（特别是一些慢性疾病）。

（八）头发比较凌乱

（1）烦恼的事情比较多，比较杂。

（2）可能是不修边幅，不注重外在形象。

(九)强调面部轮廓线

(1)比较注重面子。

(2)注重别人对自己的看法。

(3)有改善人际的欲求,但内向,无行动。

(十)大大的眼睛

(1)外向。

(2)有强烈的警戒心,为人较敏感、多疑。

(3)比较爱美(对于女性)。

(4)可能喜欢用感性的方式来了解世界。

(十一)小小的眼睛

(1)内向。

(2)只关注自我,对外界不屑一顾。

(3)可能原则性较强,理性,意志比较坚强。

(4)可能是一种自我反省。

(十二)没有画眼珠或闭眼

(1)内向。

(2)只关注自我,对外界环境和事物不屑一顾。

(3)可能具有自我封闭的倾向。

(4)可能比较自恋。

(5)对外界有敌意。

(十三)大大的鼻子

(1)与性无力有关，或对性无力的补偿。

(2)可能性感强，对于淫秽内容比较关心。

(3)比较有主见。

(4)可能有攻击性倾向。

(5)有领导力。

(十四)小小的鼻子

(1)可能做事主见性不强。

(2)可能是协调性不强。

(十五)涂黑的鼻子

(1)感到性的焦虑。

(2)对需要主见性的问题感到焦虑。

(十六)大耳朵或仔细描绘的耳朵

(1)不善于倾听，对批评意见比较敏感。

(2)比较敏感多疑，对人不信任。

(3)可能有失聪、耳鸣等症状。

(十七)小耳朵或没有耳朵

(1)不善于倾听。

(2)可能有耳朵方面的疾病。

（3）可能是服从者。

（十八）大大的嘴巴

（1）性格比较活泼开朗，能说会道。

（2）有比较远大的理想，有领导力和号召力。

（3）执行力强，有决断力。

（4）有诉求，有渴望，想表达。

（5）可能是一种要求自我。

（十九）小小的嘴巴

（1）性格比较内向，消极。

（2）缺乏执行力和耐力。

（3）比较依赖。

（二十）没有嘴巴

（1）可能是不愿与人沟通。

（2）可能是情绪比较低落。

（二十一）一字型嘴巴

（1）给人比较压抑的感觉。

（2）可能有比较强的攻击性。

（3）待人处事常常自我主张，固执己见。

（4）可能有攻击性但有一定的控制能力。

（5）面对困难，意志坚强。

(二十二)对下巴强调

(1)支配欲强烈。

(2)过分追求社会地位、名声。

(3)可能存在潜在的攻击倾向。

(二十三)方形的下巴

(1)行动比较积极,精力充沛。

(2)性格比较固执,任性,好自以为是。

(3)十分自信,好争强好胜。

(二十四)尖尖的下巴

(1)思维反应快,好投机取巧。

(2)为人比较尖酸刻薄,人际冷漠。

(3)意志比较薄弱,难以抵御诱惑。

(二十五)粗短的脖子

(1)有冲动的倾向。

(2)比较粗暴、固执的倾向。

(3)可能性格比较强势。

(二十六)细长的脖子

(1)想有所成就,出人头地。

(2)依赖感比较强。

(3)脖子上可能存在躯体病症，如喉痛、吞咽困难等。

(4)行动力不够。

三、躯干四肢

(一)过大的躯体

(1)可能存在一定的防御心理。

(2)内心的无力感。

(3)可能有更多的欲求。

(4)可能有退行。

(5)强调自我存在感，对无力感和自卑感的补偿。

(二)过小的躯体

(1)内心的自卑感。

(2)可能压抑着自己的欲求，自我评价低。

(三)棱角分明的躯体

(1)性格比较倔强。

(2)可能有攻击性。

(3)刻板，缺乏变通。

(四)方正的肩膀

(1)可能目前正承受着压力。

(2)可能有攻击性，有敌意。

(3)固执，缺乏变通。

(4)潜意识存在对女性角色的否定，女性男性化倾向。

(5)女性画出宽肩或方肩，常表示必须肩负重任，或争强，好胜。

（五）斜斜的肩膀

(1)对责任的一种逃避。

(2)不愿意承担责任和压力。

(3)好享乐。

（六）非常大的手

(1)代表着一种攻击性。

(2)对自我无力感的补偿。

(3)对儿童而言可能是对外界事物的关心。

（七）非常小的手

(1)行动力方面不自信的表现。

(2)身体可能较瘦弱。

（八）没有画手

(1)缺乏执行力。

(2)在行动力上不是很自信。

(3)可能手有残疾。

(九)涂黑的手

(1)对手可能有焦虑情绪。

(2)对手可能有罪恶感。

(3)与人接触感到不安。

(十)手背在后面

(1)人际关系的逃避。

(2)可能有潜在的攻击性，具有被动攻击型人格。

(3)可能存在一定的罪恶感(道德性焦虑)。

(十一)非常长的腿

(1)强烈地需要自主。

(2)追求自我内心的安定。

(3)可能表示一种男性标志。

(十二)细小的腿

(1)缺乏安全感。

(2)虚弱不安定。

(十三)无腿(没有画腿)

(1)或拒绝画腰部以下的部位，可以代表性方面的困扰。

(2)安全感不足。

(3)缺乏行动力。

四、服饰装饰

(一)圆形衣领

(1)传统女性特征。
(2)性格可能比较保守。
(3)比较注重规则。
(4)性格比较随和。

(二)尖尖的衣领

(1)一般属于职业女性,可能有较高的事业追求。
(2)独立性较强。
(3)有攻击倾向。

(三)描绘细致的鞋子

(1)一种女性化特征。
(2)有追求细节和注重仪表的含义。

(四)鞋子涂黑

(1)可能是现状不稳定,内心焦躁不安的体现。
(2)可能是脚部不适的体现。

(五)帽子

(1)可能比较注重形象,有装饰作用。

（2）防御心理比较强，对外界警戒心较高，可能有掩饰。

（3）可能头部有不适。

（六）腰带

（1）自我约束的需要。

（2）对性冲动有意识或无意识地控制。

（3）可能有露阴倾向。

（4）可能对性有恐惧心理。

第三节　树木释义

　　树表现的是被测试者自己无意识的自我形象、姿态，表示其内心的平衡状态。从中可显示出被测试者的精神及性的成熟度。当然，树的直接含义表达的是个体与环境的关系，同时也是具有生命意义的象征。

一、树木整体

（一）树处于画纸左侧

（1）成长过程中受母亲影响较大。

（2）较缺乏主见，会过多考虑母亲意见。

（3）如结婚，可能会选择服从配偶。

（二）树处于画纸右侧

（1）成长过程中受父亲影响较大。

（2）可能幼年缺乏母爱，表现对母亲的拒绝和愤怒。

（3）如结婚，会选择自己能支配的、温顺的对象。

（4）可能权威，控制欲强。

（三）短树干，大树冠

（1）非常自信，动机强。

（2）有野心，骄傲而自负。

（四）树干粗壮，树冠过小

（1）个体能力强，但目前的发展有局限，能力得不到充分发挥。

（2）可能智商有问题，心理发育迟滞。

（五）树干细而树冠过大

（1）在日常生活中，对自己要求过高。

（2）可能得到的支持比较少。

（3）无力感。

（六）很小的树

（1）自卑，无力。

（2）性格内向。

(3) 自身能量比较低，可能有些精神病性症状。

（七）枯树

(1) 生命力严重不足，没有活力。

(2) 生命的失落感，空虚感。

(3) 缺乏自信，有点自卑，性格内向。

(4) 情绪比较低落、抑郁。

(5) 可能与外界交往能力比较强。

二、树木种类

（一）松树

（1）坚韧的性格，生命力旺盛。

（2）拥有达到目的的强烈动机。

（3）自信，能为自己的目标付出努力。

（4）性格比较内敛，不愿过多表达，别人较难走进其内心。

（5）上进心强，同时自我控制，循序渐进。

（6）可能有一定的攻击性。

（二）柳树

（1）柳树枝条比较柔软下垂，能量流失、流往过去。

（2）情绪低落，压抑，抑郁不快乐，不安全感明显。

（3）意志薄弱，缺乏决断力，容易受感情的支配。

(4) 气质比较优雅，具有艺术性的气质。

（三）椰子树

(1) 可能比较感性，有些情绪化。
(2) 性格比较敏感，与别人相处有防卫心理。
(3) 喜欢冒险，追求刺激。

（四）白杨树

(1) 比较积极乐观。
(2) 比较理性。
(3) 拥有远大的目标，并为此付出或多或少的努力。

三、树冠和树干

（一）开放型树冠

(1)表示自由的自我表现。
(2)和外界交往能力比较强。

（二）巨大型树冠

(1)有强烈的成就动机。
(2)有自豪感，有时自我赞美。
(3)想法很多，有时显得比较自负，缺乏自知之明。

（三）小树冠

（1）在学前儿童中常见。

（2）学龄儿童如画这些形状，可能是发育障碍。

（3）成人画中则是幼稚的表现。

（四）竖椭圆形的树冠

（1）比较自信。

（2）可能比较有野心。

（3）比较理性。

（五）横椭圆形的树冠

（1）感觉到自己被期待得比较多。

（2）感受到各种各样的压力。

（3）生活中不独立，想法被压抑。

（六）四角形的树冠

（1）可能有保守倾向，有些固执，缺乏变通。

（2）想要具有强大社会责任感的愿望。

（3）年龄长者，表示对家庭的强烈依恋，想要满足双亲期待的愿望。

（七）三角形的树冠

（1）有较强的攻击性，不善于控制情绪。

(2)充满自信。

(3)可能富有野心。

(4)比较理性。

(八)手掌形的树冠

强烈的控制欲。

(九)多层云状树冠

(1)想法多，偏复杂。

(2)善于自我保护。

(3)修饰自我，希望以好的一面示人。

(十)粗大的树干

(1)充满活力。

(2)充满生命力，成长过程中受到关爱、滋养较多。

(3)活动积极，可能有些攻击倾向。

(十一)单线条的树干

(1)情绪低落，能量低。

(2)自我软弱无力，缺乏自信。

(3)成长过程中缺乏支持和关爱。

(十二)直立与平行树干(电线杆型树干)

(1)在学生中多见，表现为思想单纯。

(2)有抽象思考能力，表达问题清楚、客观。

(3)性格固执，顽固，不易信任人。

(4)待人处事生硬，通融性差。

(十三)有伤疤的树干

(1)在成长过程中有创伤体验。

(2)能量在有的地方回旋，要花很大力气去解决。

(3)可能存在焦虑不安的情绪。

(十四)被风吹斜的树干

(1)感受到来自外界的压力。

(2)压力往往是来自于客观环境，如工作压力、经济困难或复杂的人际关系。

四、树枝树叶和果实

(一)向上生长的树枝

(1)积极向上生长。

(2)对生活充满活力和希望。

(3)追求精神生活，情绪可能不稳定。

(二)横向生长的树枝

(1)愿意帮助他人。

(2)愿意主动与人交往。

(3)努力想要维持某种平衡。

(三)路径很明确的树枝

(1)有毅力，做事有始有终。

(2)有明确的计划性。

(四)尖尖的树枝

(1)可能有敌意。

(2)易冲动，有攻击性。

(3)情绪比较紧张。

(五)折断的树枝

(1)付出过努力却遭遇到失败。

(2)个体可能受到心灵创伤。

(3)一种沮丧感和无助感。

(六)椭圆形树叶

(1)较易与人相处。

(2)可能依赖感较强。

(3)不愿意独处。

(七)针叶形树叶

(1)性格可能比较尖锐刻薄。

(2)可能存在较强的攻击性。

（八）手掌形树叶

（1）富有同情心。

（2）为人较热情。

（3）性格随和，愿意与人接触。

（九）大果实

（1）有较大较明确的目标。

（2）有信心能够实现自己的目标。

（3）如果是女性画的，可能是有爱心，热衷公益或教育事业。

（十）小果实

（1）自我评价不高。

（2）没有足够信心和能力实现自己的目标和想法。

（3）如果是女性画的，可能是对生育的淡漠。

（十一）各种各样的果实

（1）心理年龄比较低，退行，幼稚化。

（2）想法很多很杂。

五、附属物

(一)有鸟巢和小鸟

(1)具有依赖性。

(2)渴望被养护。

(二)有秋千

(1)对爱情的向往。

(2)对童年生活的追忆。

(3)表明把生命的全部或最重要的方面寄托在某件事或某个方面。

(4)人在树上荡秋千，可能表示牺牲别人来面对生活某方面的压力。

第四节　房屋释义

房屋表示被测试者所出生和成长的家庭状况，也指自己对家庭或一般家庭、家族关系的想法、感情、态度，另一方面也可以代表被测试者目前的状况。

一、房屋整体

(一)过大的房子

(1)可能是一种攻击倾向。

(2)自我认知过于膨胀,过分自信。

(3)对周围环境感知无力,内心充满紧张、躁动倾向。

(4)对家庭比较关注。

(二)过小的房子(小于纸张的 1/9)

(1)自我认知过分谦卑,内向、焦虑不安、不自信。

(2)环境适应不良,活动少,有退行倾向。

(3)缺乏安全感。

(4)情绪可能比较低落。

(5)压抑感较强,自我控制力较强。

(6)对家庭的信心不足,或者漠视。

(三)多间连体房

(1)可能会依赖团体的、紧密的关系。

(2)家庭关系模式具有依赖性、互补性和替代性。

(3)可能人际关系在独立性和依赖性方面模糊。

(4)可能是重组家庭。

（四）立体的房子

（1）性格开朗。

（2）智商较好。

（3）想象力好。

（4）理性。

（五）仰视的房子

（1）感受到在家庭中地位低下，没有价值，被家庭排斥，缺乏自我尊重。

（2）在家庭中无存在感，感受不到在家庭中的快乐。

（3）自卑，内向，不好交际。

（六）俯视的房子

（1）积极参加的态度，优越感，无束缚。

（2）可能比较自信，权威。

（3）厌弃家庭持有的价值观，反抗家庭灌输的观念。

（4）高处的优越感是补偿的，伴随着叛逆的超凡脱俗感觉。

（七）倾斜的房子

（1）对家庭的不安全感。

（2）家庭感受性不好。

（3）有潜在的担忧和焦虑。

（八）透视的房子

（1）出现在儿童画中属正常，成人画中则表现个体智力低下，不能充分理解现实。

（2）自我和外界的界限不明确，可能有精神分裂的倾向。

（九）现代化办公（住宅）大楼

（1）具有现实感，理性思维，追求都市生活。

（2）注重现实的利益。

（3）对家庭关系的迷茫和无奈。

（4）人际交往有防御性，有回避、隐藏的倾向。

（5）关注竞争，自我价值感不强。

（6）缺少安全感。

（十）城堡

（1）追求浪漫的、童话般的气质。

（2）在人际交往上防御性较重。

（3）对财富具有较强的渴望。

（4）控制欲较强。

（5）自我力量感较强。

（6）家庭氛围压抑。

（十一）庙宇

（1）对现实有太多不满、无奈，寄托于精神世界里的信仰。

(2)对精神世界的至高追求，虔诚的心灵，超凡脱俗的想法。

(3)在对自我反思，希望能做得更好。

(4)一般会有本能的、情感的、理想的压抑。

(5)对于人际交往一般是回避的。

(6)家庭关系得过且过，有些无奈。

(十二)亭子

(1)对现实生活感到无法疏通，有憋闷感，希望营造通透、开敞的交流空间。

(2)人际关系是开放的。

(3)人际交往边界感不足。

(4)家庭氛围易受外来影响。

(5)多层亭台有崇尚高远、追求理想目标的想法。

二、屋顶墙壁

(一)屋顶相对较大

(1)可能比较好空想，好幻想。

(2)逃避现实生活及人际关系。

(3)压力大，有沉重感，感觉家庭的压抑 。

(4)协调能力差。

(5)希望被家庭呵护。

（二）没有屋顶

（1）可能表明智力比较低下，缺乏必要的想象力。

（2）智力正常人则是一种畏缩的人格，或者个体有明确的目标，十分重视现实社会。

（三）网状屋顶

（1）可能存在一些内疚感。

（2）想要控制自己的幻想。

（3）可能是家庭的一种束缚。

（四）格子状屋顶

（1）内心有激烈的矛盾冲突。

（2）对家庭的某种期待。

（3）规范、守旧。

（五）仔细描绘屋顶瓦片

（1）比较追求细节，讲究完美主义，黏着的性格。

（2）固执，刻板，缺乏灵活性。

（六）屋顶涂黑

（1）内心有沉重感、负重感。

（2）可能是焦虑不安，情绪和情感比较压抑。

（3）可能是性格比较敏感，情绪易冲动，缺少安全感。

（七）强调墙的轮廓

（1）反应个体过分警惕，努力用意识去维持自我稳定。

（2）常出现在精神崩溃的初期。

（3）努力地控制自己的情绪。

（八）墙线较淡，或未画完

（1）个体人格即将崩溃，自我控制能力虚弱。且已不再采取任何补偿性的防御措施。

（2）可能个体已经接受了失败，不再做任何抵抗和挣扎，采取消极的措施。

（3）脾气比较暴躁，情绪不稳定。

（4）无力感。

（九）透明墙

（1）出现在儿童画中比较正常。

（2）成人则表现个体智力低下，不能充分理解现实。

（3）自我和外界的界限不能明确，可能有精神分裂倾向。

（4）情绪的寄托。

（十）砖块墙壁

（1）可能性格坚强，有毅力，倔强。

（2）强调自我，自信。

（十一）强调房子的基线

（1）对自我的捍卫意识较强。

（2）对现实的关注。

（3）对家庭的担心和焦虑。

（4）安全感不足。

（十二）房子无底线

（1）不能充分与现实接触，飘浮感。

（2）不自信，没有立场，易顺从他人。

（3）思想单纯，缺乏长远眼光。

（4）缺乏安全感。

（十三）墙壁上有装饰

（1）可能心理比较脆弱、敏感。

（2）易被影响。

（3）脾气比较大，好批评和抱怨。

（4）内心不自信。

三、门窗烟囱

（一）大门

（1）积极与外界接触，追求被人理解。

（2）性格比较开朗。

(3)可能与个体过分依赖他人有关。

（二）小门

(1)个体可能存在害羞、胆怯的行为。
(2)在人际关系中存在退缩，不愿与人沟通和交流。
(3)不希望他人走入自己的内心。

（三）没有门

(1)与家庭成员无精神交流，情感冷漠。
(2)对外界可能有防御心，拒绝与他人交流。

（四）高门槛的门

(1)不愿意与外界接触。
(2)只愿意以自己的方式与外界交流，令人难以接触。

（五）开着的门

(1)渴望得到他人温暖的情感。
(2)性格比较强，过度自信。
(3)不循规蹈矩，坚持做自己的事情。
(4)如果房子是空的，则表示个体极度脆弱，缺乏适当的自我防御。
(5)向外开着的门，渴望自己走出去。向里开着的门，渴望别人走进来。

（六）门上有锁

（1）缺乏安全感。

（2）防御心理比较强。

（3）有条件地开放。

（七）侧门

（1）想要逃离家庭。

（2）思想可能比较独特。

（3）有潜在的压抑。

（八）圆形或星形的窗户

（1）象征着女性化气质。

（2）性格比较温和。

（九）栏杆样窗户

（1）缺乏安全感。

（2）家庭感受不良。

（3）警戒性，多疑，过分自我防卫。

（4）对家庭的感受不良，像被紧闭一样。

（十）小窗户

（1）害羞。

（2）不愿打开心门，有防御性。

(3)自我封闭，不爱与人沟通。

（十一）有窗帘的窗户

(1)追求一种美感。

(2)控制与环境的交流，可能存在一定的焦虑。

(3)人际交往比较老练，有保留地和他人交流。

(4)敏感的象征，谨慎，多疑，过度自控。

(5)有掩饰和遮掩的倾向。

（十二）完全涂黑的窗户

(1)想隐藏自己。

(2)可能有被害妄想。

(3)敏感多疑。

（十三）强调烟囱

(1)关注家庭温暖的感觉。

(2)关注性方面能力。

(3)追求人际关系和谐感觉。

(4)关注权力和权威。

（十四）冒着浓烟的烟囱

(1)可能是个体的极度的愤怒。

(2)家庭冲突、矛盾引起的紧张和情感扰乱。

四、房屋附属物

(一) 栅栏

(1) 对外界的一种防御。

(2) 可能是害怕与外界沟通，却又希望得到关注。

(二) 阳台、露台

(1) 渴望与外界进行沟通，但却受到家庭的禁锢。

(2) 可能是对家庭的依赖，想接触外界，却不敢走出家庭的范围。

(3) 希望找到家庭与外界环境交流的一个支点或缓冲地带。

(4) 希望对沉闷的家庭引入一些新鲜的物质和能量。

(5) 有一定的防御性。

(三) 阁楼

(1) 想要一个属于自己的空间。

(2) 渴望独立，不希望别人过多干涉自己。

(3) 可能具有理想主义、幻想主义特点，难与现实相结合。

(四) 长长迂回弯曲的路

(1) 人际交往中比较谨慎。

(2)交往初期比较冷漠，但是时间长了会热情起来。

(3)交往速度比较慢，一旦建立友谊就会十分深厚。

(4)警惕性高，缺乏社会性，间接性交往。

(五)门前的路无法接近房门

(1)可能在人际关系上匮乏。

(2)表面上易与人交流，实际内心封闭。

(3)有较强的防御心。

(六)鹅卵石铺的路

(1)比较注重完美。

(2)在未来的路上，充满美丽的东西出现。

(3)一种人际交往的阻碍。

第五节　动植物画释义

一、鸟

(1)自由、自然、直接、不虚饰的代表，是天地之间的使者。

(2)表示对理想的放飞、对梦想的追求。

(3)有时也代表对目前状况的不太满意，期望飞离、逃避。

二、鱼

（1）可能追求鱼水之欢，水是女人的象征，相对应的鱼是男人的象征。

（2）具有了财富的象征意义。

（3）渴望自由。

（4）有时也是依恋。

三、鸡

（1）守信、准时。

（2）避邪、去灾、神明的象征。

（3）关注、依恋家庭。

（4）雉鸡：光明、美德的象征，可能有恋母情结。

四、狗

（1）代表着一种忠诚、保护。

（2）它是有超我的象征。

（3）有灵性，把它当作来世的向导。

五、猫

（1）有乖巧、可爱、温柔、妩媚的一面。

（2）也有神秘、野性又孤独的一面。

六、猪

(1)可能比较懒惰、贪吃。

(2)追求一种快乐、无忧无虑的生活。

(3)厚道、忠诚、宽容、安分守己。

七、牛

(1)忠厚老实、无私奉献。

(2)勤奋、执着、进取、有担当。

(3)男性本能的驯化和征服。

(4)母性哺育、营养的象征。

八、虎

(1)山中大王，有追求权势的想法。

(2)巨大能量，希望自己强大、有活力、勇敢。

(3)守护神，如小孩的虎头鞋、虎头帽。

(4)喜欢单独行动，不合群。

(5)具有实干精神。

九、蛇

是集美好和丑恶力量于一身的矛盾生命体。

(1)智慧、祥和、神秘莫测之感。

(2)幸运、吉祥、长寿、富有生命力。

(3)对性的关注，也有可能希望生男孩。

(4)有恐惧、冷漠、伤害之意。

(5)画毒蛇可能表示伤害，有憎恨、仇怨。

十、马

(1)需要一种支持，希望借助外力。

(2)体现出勇敢、胜利、征服的精神，也是能力、圣贤、人才的象征。

(3)骑马还被视为性行为的象征。

(4)男性画马是对男性优势的张扬。

(5)女性画马是对男性力量、帅气的渴望和欣赏。

(6)追求自由、无拘无束的感觉。

十一、鹰

(1)具有高深见解，渴望获得伟大成果。

(2)拥有庄重、强大、威严人格特征的表现。

十二、孔雀

(1)象征骄傲、尊严、吉祥。

(2)代表爱情。

十三、燕子

(1)代表亲情的思恋。

(2)四季的巡回——恋家。

十四、蝴蝶

(1)蝴蝶象征着自由和爱情。

(2)代表改变、蜕变。

(3)美丽的短暂，轻灵的永恒。

(4)也象征"不现实的事物"，富于幻想。

十五、花朵

(1)爱和美丽，渴望被关注，也可能表现一种自恋。

(2)与家庭无关的花木，一种不安感，维持安全性。

(3)对家庭关注比较少，内心有不安全感，渴望得到他人的照顾和支持。

十六、小草

(1)一种装饰和美的体现。

(2)一种情感的寄托。

(3)顶端尖锐的草，代表一种潜在攻击性。

(4)整齐的草，表面追求完美。

（5）长得笔直的小草，代表一种顽强的生命力，也有一些自我与固执。

十七、玫瑰花

（1）象征爱情，渴望爱情，希望得到爱情。

（2）女性的妩媚。

（3）带刺的玫瑰，既有诱惑力，也有攻击性与防御。

十八、梅花

（1）坚贞、忠实。

（2）慈爱、高雅。

（3）高风亮节、浩然正气。

（4）坚强、有毅力。

十九、向日葵

（1）沉默的爱（多指暗恋）。

（2）勇敢地去追求自己的想要的幸福。

（3）个性比较外向、开朗、阳光，有能量。

（4）渴望成功，务实。

二十、莲花

（1）君子品格的象征。

（2）象征灵魂从无序的状态升华为有序的状态，希望整合自己、升华自己的精神境界。

（3）纯洁、清高。

（4）莲花也有坚贞的品格，也表现了洁身自爱的高洁人格和洒脱的胸襟。

（5）"出淤泥而不染"，追求在复杂环境中保持纯洁的自我。

第六节　天象释义

一、画在左侧的太阳

（1）一种母性的温暖。

（2）得到社会或精神上认可的，拥有两性所具有的力量。

（3）神灵或宗教的信仰。

二、画在正中间的太阳

希望靠自身的努力来实现自我。

三、画在右侧的太阳

（1）渴望得到父亲、英雄、圣人的温暖。

（2）尊重理性的思考。

(3)把男性世界与力量同等看待。

四、画人脸的太阳

(1)儿童比较常见。

(2)成人则带有一定孩子气，有童趣纯真的一面。

(3)可能反映出某一特定的人物，如英雄形象或带路人等。

五、日出时的太阳

强烈期待的心理状态。

六、日落时或暗淡的太阳

(1)可能与人生的某个阶段有关，表现成就感或结束感。

(2)可能表示一种漠然的疲惫感。

(3)可能代表忧愁，情绪可能比较低落。

七、星星

(1)象征着一种剥夺(情感上或者身体上的)。

(2)可能代表一种忧思的情绪。

(3)对未来可能还有一些希望。

八、月亮

（1）可能代表着一种母性的、神秘的、受孕的象征。

（2）可能代表一种抑郁情绪。

九、下雨

（1）情绪的低落。

（2）也可能是一种压力的体现。

（3）也可能是一种宣泄的方式。

十、雪花

（1）内心的一种冰冷感。

（2）可能有抑郁或自杀倾向。

（3）可能是一种童趣的表现。

第七节　自然景观解读

一、水

水是生命源泉，有繁殖、成长、创造之意，但有时象征着
一种情绪。

（一）河

（1）可能代表一种情绪。

（2）可能存在不安感，自我防卫。

（3）也是一种生命力的流动。

（二）池塘

（1）一种自我受限的表现。

（2）也是一种缺少源动力的表现。

（三）海洋

（1）可能是一种无意识的象征。

（2）可能是一种迷茫的表现。

二、山

表示一种障碍；追求一种保护和防御。

（一）连绵不断的山脉

（1）一种目标、抱负的递增与连续性。

（2）一种自我保护的天然屏障。

（3）可能感觉到很大的阻力。

（二）圆形山峰的山

与恋母情结有关。

（三）尖锐山峰的山

(1)可能是一种努力奋斗的表现。
(2)也可能是一种攻击性的体现。

三、围栏

(1)一种自我防卫的体现。
(2)可能是性格比较多疑。
(3)可能是对环境的不适应。
(4)安全感不足的表现。

四、桥

(1)一种沟通与连接。
(2)一种自给自足的体现。
(3)也可能是一种对现实的暂时逃避。

五、梯子

(1)一种摆脱和改变现状的愿望。
(2)被别人过多干涉、身不由己的感觉。

六、风筝

(1)代表一种希望和追求。

（2）可能是一种束缚感。

（3）可能是现实的孤寂情绪。

第八节 色彩释义

心理学家根据颜色对心理影响效果的不同，把颜色分为两大类。一类称为暖色——红、橙、黄色，它们给我们以兴奋、热烈、辉煌的感觉；另一类是冷色——青、绿、蓝等，它们给我们娴雅、清静的感觉。除此以外，黑色、红色给人以"重"和"窄小"的感觉。

如过度使用某一种颜色的信息：

红色——激动、愤怒、冲动。

暗色——烦恼、忧郁。

鲜艳的颜色——躁动。

很浅的颜色——不愿意暴露自己，隐藏自己。

正常的话一般 3－5 色。

一、红色

红色是强有力的色彩，是热烈、冲动的色彩。红色能取得生机勃勃的效果，一般被认为是刺激兴奋的颜色，代表了力量、激情、热烈和喜庆。

二、黄色

黄色充满阳光，具有光和亮，是亮度最高的色，在高明度下能够保持很强的纯度。是最精神且最欢快的颜色，能提供足够的亮度，不给人紧张的情绪。

三、橙色

橙色是十分活泼的光辉色彩，是暖色系中最温暖的色彩，它使我们联想到金色的秋天、丰硕的果实，因此是一种富足的、快乐而幸福的色彩。

四、绿色

绿色创造放松、从容、积极、自然的气氛。对好动能起到镇静作用，对身心受压抑者有益，使人消化顺畅、分泌平衡。自然的绿色对缓解疲劳与消极情绪均有一定作用。

绿色是最具生命力的色彩。心情糟糕时，绿色让你感觉一切问题都会解决，特别是受到重大的打击后，面对绿色带来的生机，会让人产生面对现实、战胜困难的勇气。

五、蓝色

蓝色是平静的大海和晴朗的天空的颜色。蓝色是博大的色彩，无论深蓝色还是淡蓝色，都会使我们联想到无垠的宇宙或流动的大气。蓝色是摆脱羁绊而自由放纵的颜色。蓝色也是永恒的象征。蓝色一般会给人清爽洗练的感觉，可以使人精力集中，明察善判，理性而且沉着。蓝色环境使人感到幽雅宁静，能调节体内平衡。

蓝色在纯净的情况下并不代表感情上的冷漠，它只不过代表一种平静、理智与纯净而已。

六、紫色

紫色是神秘的，给人印象深刻，有时给人以压迫感，并且因对比的不同，时而富有威胁性，时而又富有鼓舞性。当紫色以色域出现时，便可能明显产生恐怖感，在倾向于紫红色时更是如此。

紫色是象征虔诚的颜色，当紫色深化暗化时，有时是蒙昧迷信的象征。潜伏的大灾难就常从暗紫色中突然爆发出来，一旦紫色被淡化，当光明与理解照亮了蒙昧的虔诚之色时，优美可爱的晕色就会使我们心醉。

七、灰色

灰色是介于白色和黑色的中间色，它是一种阴性的颜色。灰色是最被动的色彩，它是彻底的中性色，依靠邻近的色彩获得生命，灰色一旦靠近鲜艳的暖色，则变为温和的暖灰色；若靠近冷色，就会显出冷静的品格。

八、黑色

黑色是一种消极的颜色，其实它也无所谓是颜色，与黑色相关的象征意义是其他任何一种颜色都难以代替的。

黑色象征着永恒的夜晚、死亡，是为尘世间的死亡而悲伤的颜色；黑色也代表着再生和复苏。黑色又具有高贵、稳重的特点，也是一种永远流行的颜色，可以和许多色彩进行搭配，是一种没有风险的优雅。

九、白色

白色是所有光谱的总和。白色具有明亮、纯粹、洁净、坦诚、尊敬、简洁、和平、畅快、朴素、雅致、贞洁、清白、青春、出生。不过也有人说白色是不吉利的颜色，寒冷、严峻、死亡。

附图1

附图2

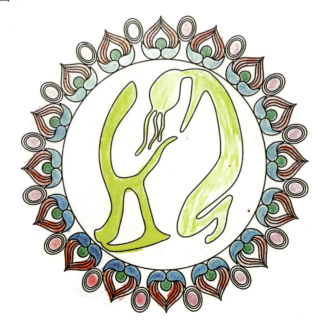

画说婚姻

附图 3

附图 4

附图 5

图书在版编目(CIP)数据

画说婚姻 / 周桂英,刘佩珍著. -- 北京:中译出
版社,2022.4

ISBN 978 - 7 - 5001 - 7047 - 1

Ⅰ. ①画… Ⅱ. ①周… ②刘… Ⅲ. ①婚姻 - 通俗读
物 Ⅳ. ①C913.13 - 49

中国版本图书馆 CIP 数据核字(2022)第 047859 号

画说婚姻
HUASHUO HUNYIN

出版发行	中译出版社	
地　　址	北京市西城区新街口外大街 28 号普天德胜主楼四层	
电　　话	(010)68359376,68359827(发行部);(010)68002926(编辑部)	
传　　真	(010)68357870	
邮　　编	100044	
电子邮箱	book@ ctph. com. cn	
网　　址	http://www.ctph.com.cn	
责任编辑	温晓芳	
封面设计	图书之家	
排　　版	图书之家	
印　　刷	北京盛通印刷股份有限公司	
经　　销	全国新华书店	
规　　格	787 毫米×1092 毫米　1/32	
印　　张	6.25	
字　　数	152 千字	
版　　次	2023 年 3 月第一版	
印　　次	2023 年 3 月第一次	

ISBN 978 - 7 - 5001 - 7047 - 1　　　定价:49.90 元

中译出版社